Pe. HÉLIO LIBARDI, C.Ss.R.

RELIGIÃO TAMBÉM SE APRENDE

9

EDITORA
SANTUÁRIO

Direção Editorial:
Pe. Flávio Cavalca de Castro, C.Ss.R.
Pe. Carlos Eduardo Catalfo, C.Ss.R.

Coordenação Editorial:
Elizabeth dos Santos Reis

Revisão:
Paola Goussain de Souza Lima

Diagramação:
Alex Luis Siqueira Santos

Capa:
Marco Antonio Santos Reis

Ilustrações tiradas do clip Art CD-ROM da Corel Corporation
e do clip Art CD-ROM da Liguori Faithware

Dados Internacionais de Catalogação na Publicação (CIP)
(Câmara Brasileira do Livro, SP, Brasil)

Libardi, Hélio
Religião também se aprende / Hélio Libardi. – Aparecida, SP: Editora Santuário, 2002. (Coleção Religião também se aprende, 9)

ISBN 85-7200-805-5

1. Crença e dúvida 2. Cristianismo 3. Doutrina cristã 4. Vida cristã I. Título. II. Série.

00-1645 CDD-230

Índices para catálogo sistemático:

1. Doutrina cristã: Religião 230

Composição, CTcP, impressão e acabamento:
EDITORA SANTUÁRIO – Rua Padre Claro Monteiro, 342
12570-000 – Aparecida-SP – Fone: (12) 3104-2000

Caros leitores

Sem querer ser chato, venho colocar mais um livro em suas mãos. Não quero que concorde comigo, pois minha intenção é provocar a reflexão. Nem tudo o que está escrito em letra de forma é verdade, por isso mesmo precisamos nos abrir para um discernimento, buscando sempre uma "nova evangelização com novas formas e métodos".

É uma teologia, mas de conteúdo e forma populares. Fácil de ler, pode ser difícil de engolir, mas vamos pensar. Polemizar não resolve. Procuremos novos modos e formas de dizer coisas antigas e vamos ver também do outro lado. Quem sabe onde sopra o Espírito?

Mais que isso, rezemos juntos à Mãe, que nos mostrará Jesus. Amém.

O autor

Deus

1. Sede de Deus: um fenômeno da modernidade?

No mundo antigo, tudo o que havia de mais importante estava relacionado com a religião. Na modernidade, tenta-se deixar de lado a transcendência e se quer ficar apenas com as coisas temporais. É a tentativa de se esquecer de Deus; o que importa é o que acontece aqui e agora. Não se põe Deus no meio. Um fenômeno da secularização. Parece que Deus está morto.

Tudo o que se tem de fazer é se livrar das exigências da religião, da ética da religião... Os que não chegam a tanto querem o assunto religião bem restrito aos limites da sacristia. A humanidade pode resolver seus problemas, sem aceitar os valores da religião.

Os meios de comunicação se encarregaram de divulgar valores novos e de entulhar a cabeça do povo com essas ideias. Hoje falar de Deus entra muito na esfera do particular.

Mas não se destroem facilmente valores que estão enraigados no coração das pessoas. A marca da presença de Deus está em cada um, de forma indestrutível. Esse esquema da morte de Deus não deu certo, e hoje o povo se volta à procura do sagrado, do divino.

Por todos os lados surgem templos, movimentos, seitas, ondas místicas de interesse religioso, programas de rádio e TV. Não se prendem a critérios, mas a procura desses meios é muito grande. Por isso mesmo, muitas vezes, não se chega a nada.

A humanidade tem sede de Deus, e quanto mais se tenta afastá-la de Deus, mais ela busca. Santo Agostinho dizia que nosso coração está inquieto até que descanse em Deus.

Quanto mais o homem se refugia dentro de si mesmo, mais sente necessidade de Deus. A solidão mostra esse caminho. Mas não existe nada que leve o homem até Deus como a experiência da dor. Quando se esgotam os recursos humanos, só resta um caminho: admitir aquilo do qual a gente sempre fugiu.

Em nenhuma época a procura de Deus é tão intensa como nos dias atuais. Uma procura desarticulada, porque não se sabe bem onde procurar nem que Deus procurar. A insatisfação cresce, e cresce também a sede de Deus.

Agora fazemos a pergunta: É culpa só da modernidade esse pseudoesquecimento de Deus? Não seria o nosso modo de mostrar Deus, nossos conceitos sobre Ele, essa teologia da recompensa e castigo, essa falta de coragem de se ter uma nova linguagem religiosa, os motivos de chegarmos a tal situação?

Como é diferente o Evangelho quando diz: "A vida eterna é esta: que te conheçam a ti e aquele a quem revelaste..." (Jo 17). Mas continuamos a dizer às crianças que o céu é lá em cima...

2. Deus ajuda ou não ajuda as pessoas?

Essa é a pergunta que surge sempre no momento de desgraça ou de sofrimento. Afinal, Deus ajuda ou não ajuda?

Eu preferia uma teologia que ensinasse assim: "Deus nos criou, colocou em nós toda a capacidade, potência e força para nos desenvolvermos, recriando-nos a cada dia e renovando nossa capacidade. A vida aqui depende de nós, embora Deus não nos abandone e continue nos amando. Seremos felizes na medida em que conseguirmos desenvolver essas capacidades e sermos imagens de Deus".

Não é essa a teologia de hoje, mas nada impede que acreditemos de um modo diferente. O diferente não significa errado. Muitos querem que Deus interfira toda hora em sua vida e reclamam quando Ele não o faz. Minha teologia consegue ver Deus diferente. Aliás, Santo Tomás já dizia: a graça supõe a natureza. Nem Deus pode colocar em alguém alguma coisa que ele não tenha capacidade de receber. Essa história de querer que Deus vire a cabeça das pessoas e segure o braço de alguns não existe. Precisamos ter coragem para dizer que Deus nos respeita e não interfere em nossa vida de qualquer modo.

Por outro lado, há alguns que não fazem nada do que deviam fazer, depois ficam atormentando e achando que Deus é quem devia fazer. Na vida, nós colhemos aquilo que plantamos, os frutos não aparecem logo, mas, com certeza, vão aparecer.

Há outros que acham que Deus é seu empregado, tem de fazer o que querem e pedem. Temos de ter capacidade de análise e boa memória para percebermos que o que colhemos é fruto da sociedade ou do que nós mesmos plantamos. Quem não aproveita as oportunidades que a vida oferece para estudo, trabalho, crescimento pessoal, autoeducação, cultivo da fé, quando for adulto vai ter de amargar muito e lamentar muitas coisas. Se ele não lamentar, a família e as pessoas que o rodeiam vão lamentar.

Alguns querem que Deus vire a cabeça dos outros. Deus não força ninguém, não obriga ninguém. Acho que a vida está cheia de ofertas, precisa aproveitar, tirar os óculos escuros da ambição, do egoísmo e ver a vida como Deus vê.

Para consolo seu, a teologia tradicional não pensa. Ela ensina que existe a graça de Deus, que são maneiras de Deus agir e atuar em nosso favor. Deus se preocupa com todos e ajuda a todos. Ela ensina que depende da abertura da pessoa a essa graça.

Mas nem essa teologia dá-nos o direito de pensar e criar situações ridículas, como a do o jogador que no final dá a entrevista, dizendo: ganhamos o jogo porque Deus nos ajudou. E o outro time como fica? Deus protegeu um time e abandonou o outro? Afinal, Deus não é Pai de todos?

É perigoso acreditar que Deus faz aquilo que podíamos fazer. Precisamos ter cuidado com os ídolos.

Religião

1. Eu tenho a minha religião e não preciso da Igreja

Quantas vezes ouvimos as pessoas falarem que têm sua religião e não precisam dar satisfação a ninguém. Pode ser essa uma boa desculpa para não se esforçarem a participar da Igreja.

De fato, olhando para a noção de religião, que é uma atitude pessoal em reação ao sagrado, pode-se até pensar que elas estejam certas. Acontece que essas pessoas não têm nenhum relacionamento com o sagrado, e o que fazem, quando fazem, é uma caricatura de um rito religioso. É fácil ser desse modo. Não rezam e dizem que rezam, têm lá suas devoções de precisão e para as horas de aperto.

Deus se comunica com a humanidade, com as criaturas, dando sentido à vida que não é só minha, é de todos. Amor é relação e ninguém existe sozinho, e tudo que fazemos coloca-nos em relação com os outros. É impossível viver sozinho.

Uma religião que não leva ao relacionamento com os outros, na qualidade de irmãos, é mais uma atitude egoísta de quem vive num mundo que é de todos e não quer dar satisfação a ninguém. A pessoa se fecha, e quem se fecha para o irmão se fecha para Deus.

A fé é sempre solidária e leva as pessoas a serem solidárias. Essas pessoas que preferem o fechamento não merecem viver neste mundo. Simplesmente usam de tudo sem ajudar em nada, e no fim da vida vão precisar dos outros.

Uma das características do ser religioso é o sentido de pertença. Pertença é a cor, a tonalidade, a identificação; tudo isso se adquire pela participação. É como num time de futebol, pertencemos ao time na medida em que participamos, e o grau de participação vai do estar junto até o ser necessário.

Podemos dizer com segurança que essas pessoas que dispensam a comunidade não têm Deus, e o Deus que acreditam não é o de Jesus. Inventam, criam doutrinas, devoções, conforme sua necessidade, e a partir daí criam também sua ética. O mundo é do tamanho que eles querem.

Tenho pena delas que, na maioria das vezes, não são analfabetas ou semialfabetizadas. São estudadas e de boa posição social. Só que aqui vale o ditado: Burro com arreio de ouro, não deixa de ser burro. A Bíblia fala que o pior cego é aquele que não quer ver.

Se podemos falar de idolatria, essas pessoas é que são os verdadeiros idólatras, pois são o centro de tudo, o mundo existe para elas, a felicidade está avaliada em moeda corrente.

É preciso transcender, ir além das coisas e do tempo, perceber que o amanhã chega logo. E, depois do amanhã, o que virá?

2. Seitas e movimentos religiosos... Que dizer?

Sem dúvida, um dos fenômenos que mais chamam atenção é o surgimento de novos grupos religiosos. E muitos dizem que os padres não enxergam quantos deixam a Igreja católica para seguir esses grupos.

A culpa não é dos padres, mas de todos nós. Eles certamente buscam aquilo que não encontraram em nosso meio.

É para se pensar ao vermos em nossas comunidades brigas pelo poder, falatórios contra este ou aquele, descontentamentos, grupinhos fechados, donos de comunidade, ausência do padre... Eles podem dizer que não encontram aí a verdadeira face do Cristo.

As seitas são um fenômeno da modernidade. São movimentos religiosos que se separam e fazem oposição ao grupo de origem. Defendem suas opiniões, suas ideias e concepções religiosas, não permitindo serem questionadas. No fundo, todas se consideram "eleitas de Deus". Há outras que são mais pacíficas, mas todas criam em seus fiéis um grande fanatismo e os atraem também pela promessa de uma salvação fácil e segura.

Em quase todos, há falta de respeito pela consciência, tornando-a submissa e incapaz de uma crítica. Além da lavagem cerebral a que submetem seus adeptos, deixam pouco espaço para uma ética que ajude a resolver os problemas. Em quase todos, a iminência da segunda vinda de Cristo é um excelente argumento para se aceitar situações e partir para uma observância pura da lei.

Há grupos cristãos, como os neopentecostais; há grupos neocristãos, como Testemunha de Jeová, Adventista do Sétimo Dia, Adventista da Promessa, Mórmons e outros tantos que surgem do dia para a noite.

Há também grupos não cristãos, que são os espiritualistas (Espíritas, Culto Afro-brasileiro, Umbanda), os esotéricos (Rosacruz, Teosofia, Santo Daime, Gnósticos, Igreja Messiânica, Maçonaria, Ciência Cristã etc.). Há outros como: Seicho-No-Ie, Yoga, Hare Krishna etc., nascidos da religiosidade oriental.

Que fazer com essa fervura? E o que fazer com tantos outros movimentos que surgem em todos os cantos, com os mais diversos nomes e sabores?

Um sadio ecumenismo leva-nos a vasculhar em todos os princípios do Verbo Divino. Nada impede que se aprenda algo com eles, mas precisamos ter a capacidade de discernir o que realmente vem de Deus. Acreditamos que boa parte dos frequentadores seja de boa vontade e de coração sincero. O respeito que devemos ter não implica no reconhecimento da autenticidade das seitas, nem impede um trabalho missionário de esclarecimento das pessoas.

Algumas são verdadeiras arapucas, dirigidas por especuladores da fé do povo. Discernir é o caminho.

3. "Religião não se discute", uma fuga?

Já foi o tempo da Apologética, em que procurávamos argumentos para combater os ateus e incrédulos ou os que agrediam a Igreja e a religião. Agora chegamos a um ponto de visão em que é melhor não discutir religião, porque a discussão não leva a lugar algum. Voltamos ao princípio base. "Todo o ponto de vista é a vista de um ponto" ou como dizia um provérbio espanhol: "Como se mira, asi se ve".

Também já foi o tempo de acreditarmos em argumentos racionais, lógicos, que convencem. É mais fácil crer na força dos argumentos afetivos: se eu gosto, aceito. Cada um vê a vida a partir de onde se posiciona, dos problemas que vive, de sua capacidade de análise, de sua cultura e informação. Como fazer uma pessoa ver a partir de minha ótica? Podemos até fazer aproximações, mas o verde que você vê, certamente, não é o mesmo verde que eu vejo.

Outro problema é o lastro cultural. A pessoa que lê, estuda e se aprofunda no estudo da religião, não vai emitir opinião à revelia. Ela sabe que há muito mais para se aprender. Como discutir religião com quem não tem uma base filosófica, teológica e cultural? Em matéria de religião, o que existe é muita desinformação, as pessoas não sabem nem o básico, quanto mais o que é discutido, o que é opinião teológica, o que é pesquisa bíblica.

Aprendemos no catecismo o rudimentar na fé, e às vezes muito mal explicado, nem há tempo para uma informação maior, porque, depois de fazerem a primeira comunhão ou crisma, as crianças e jovens não se interessam mais em aprender e ninguém consegue passar nada de religião a eles.

E como discutir com quem não teve nem essa formação inicial?

Discussão se faz com fundamento, argumentos e com quem quer aprender e chegar ao conhecimento da verdade. Não se discute religião para justificar vida errada ou filosofias de vida. Há muita gente mal informada, com uma teologia antiga e superada pelo estudo bíblico-teológico. Há outros que vivem criticando tudo e todos, pois é fácil destruir. Deus não é tão simples que se possa colocá-lo no mesmo nível de superficialidade com que lidamos com a política, economia e outras ciências.

Por tudo isso é que religião não se discute. Quem quiser se esclarece, estuda, pesquisa, procura quem o ajude. Mas, para isso, é preciso estar desarmado e pronto para aceitar a verdade. Resta perguntar se as pessoas realmente estão abertas para saber sobre religião quando nos abordam nesse campo. Vale mais a experiência religiosa do que a sabedoria das coisas de Deus. E não há caminho melhor do que o caminho do sofrimento para chegar até Deus e purificar a fé.

Quem lê, quem escuta, faça seu discernimento e sua escolha sem cair no ridículo de achar que seu modo de pensar é o único certo.

Respeito faz bem a todos.

4. Todas as teologias são iguais?

Falamos que a doutrina da Igreja é uma só, mas na verdade encontramos tantas diferenças de conceitos, modos de entender e de expressar, de apresentação e de conteúdo. Às vezes ficamos perdidos e sem saber no que acreditar.

Teologia quer ser a palavra do homem sobre Deus, com suas diversas especificações: teologia fundamental, bíblica, teologia da história, teologia moral etc... Há todo um trabalho de discernimento através do qual se percebe a presença de Deus em todos os lugares, tempo e situações.

Todos os conceitos estão sujeitos ao que chamamos de antropomorfismo. Nossa linguagem é humana, nossos conceitos são baseados na realidade e dela são retirados; não podemos esquecer que Deus está fora das duas coordenadas do universo, que são tempo e espaço. A realidade de Deus em si é simples e ao mesmo tempo vasta, que supera a nossa capacidade de compreensão. Tudo se torna frágil, porque depende de linguagem humana, conceitos, contexto, figuras.

A partir dessa colocação, facilmente podemos concluir que nenhuma linguagem, em se tratando de Deus, é definitiva. A pesquisa vai continuar descobrindo termos mais exatos, conceitos mais próximos da realidade e de melhor compreensão; por mais que a Igreja defina, estaremos sempre descobrindo algo novo, modos mais precisos de expressar uma verdade.

Temos a orientação da Igreja que também passa pela mesma problemática. Hoje já estudamos o que o Concílio Vaticano II quis dizer e ensinar à Igreja, e não estamos longe dele.

Quem não tem possibilidade de um estudo mais profundo, deve mesmo ficar atento e aberto. Muita gente se assustou com os ensinamentos da *Gaudium et Spes* ou da *Lumen Gentium*. Eu mesmo tive um professor que chegou na classe e disse que não tinha condições de ensinar dadas as modificações do Concílio.

Nada justifica uma posição radical em teologia, pois é certo que as tais "sementes do Verbo" podem aparecer em diferentes culturas e serem expressas em linguagem e formas a que nossos ouvidos não se habituaram. Temos de acreditar que nenhuma linguagem humana é capaz de exprimir a experiência de Deus; Ele se encontra necessariamente além das imagens, figuras e metáforas que consigamos criar.

O Espírito conduz aqueles que permanecem abertos e na docilidade de coração, mas há caminhos para aqueles que radicalizam posições em teologia. A própria história da Igreja é um manancial rico de informações sobre mudanças dentro da teologia.

Predestinação e destino

1. Predestinação e destino, como entender?

Se fizermos a pergunta, a maioria vai responder que tanto predestinação como destino existem. É assim que olham o mundo e tecem suas considerações: "A situação não muda, porque está predestinada a ser assim" ou se "Deus quis assim".

Tudo parte da mentalidade, que é o jeito de olhar as coisas, maneira de interpretar os acontecimentos. Aqui entram diversos fatores, como a autoestima, educação, formação, que acabam condicionando as pessoas a lerem a vida sob essas lentes, gerando assim um comportamento fatalista.

Outros têm a crença nas forças ocultas que atuam na vida das pessoas determinando, mesmo contra sua vontade, os fatos. Isso dá origem à prática supersticiosa, na qual os espíritos agem dando a impressão de que nada se pode fazer.

Alguns são primitivos. Não pensam, e com poucos dados para uma análise, concluem rápido e pelos caminhos mais próximos de sua pequena e rudimentar cultura. Isso é diretamente contra Deus, pois concluem que Deus faz seleção de pessoas ou as entrega à mercê das forças, cuja existência é inverificável. São afirmações gratuitas que fazem corrente no meio do povo, são vendidas pelo preço que compraram.

A própria palavra destino tem seu sentido, que é ponto de chegada, meta a se conseguir, projeto. Nosso destino é sermos santos. É uma palavra positiva.

Predestinar é programar. Na Bíblia, "predestinar" é empregado no sentido de "plano, desígnio, eleição, presciência". Leon-Dufour em "Vocabulário de Teologia Bíblica" diz: "Bem rigorosamente, poder-se-ia dizer que na Bíblia não há uma doutrina refletida sobre a predestinação". Há o emprego de linguagem antropomórfica lembrando que, em se tratando da experiência religiosa, se atribuem a Deus maneiras humanas de agir.

Até aqui, para quem estuda, é fácil entender. O problema aparece em pessoas com mentalidades diferentes que acreditam em predestinação e destino como ações fatalistas. Essas ideias vendidas sem preço formam opiniões e se enraízam no meio do povo, que tem dificuldade de analisar os fatos para perceber que a realidade é outra e bem diferente.

Cada um precisa se compreender dentro de seus limites e perceber até onde chegam as suas capacidades e seus condicionamentos, como perceber em que altura batem sua ambições.

O plano de Deus é que todos vivamos no amor, do amor e para o amor. Foi Ele que nos amou primeiro.

Igreja

1. Qual é a minha Igreja?

É muito difícil dizer que a Igreja católica é minha Igreja, porque nela existem tantos modelos e cenários da mesma Igreja, que ficamos sem saber o que falar. Há tantas diferenças que ficamos confusos. O que falar quando nos dizem que "ser Igreja é voltar-se para o social" ou, em vez da objetividade, escolhermos a subjetividade de uma Igreja carismática?

Só uma análise de conjuntura pode-nos ajudar a percebermos a estrutura do corpo social da Igreja em determinados momentos. É uma análise que precisa ser feita, mesmo que não tomemos posição a favor ou contra.

Uma análise se constrói pelos modelos. Fazemos a escolha de um eixo central e, em torno dele, organizamos os elementos mais importantes do corpo social. Aqui entram os interesses políticos, eclesiásticos etc... Através do instrumental que daí resulta, determinados bem os contornos, pode-se conhecer sua Igreja. Vamos perceber que nem tudo é culpa do Espírito Santo, como a história mostra-nos largamente; há também arbitrariedade e relatividade. Cada um vê através das lentes que Ele coloca, vê através de um ponto.

Outro dado que ajuda é o cenário. É algo que não depende de escolha, ou de preferência, apenas se impõe. Podemos ver as circunstâncias e o comportamento das forças dominantes no interior do cenário. Cada cenário mostra as forças dominantes, a organização dos agentes. Nós vivemos dentro de um cenário.

É assim que podemos analisar a caminhada da Igreja desde Pentecostes até hoje. Como a Igreja tem configuração humana, ela não escapa das influências da época. Sabemos que o Espírito Santo orienta a Igreja, resta ver se os agentes são ou foram dóceis a Ele.

Quando percebemos os diversos modelos da Igreja, podemos optar por um deles não de um modo aleatório, mas de modo consciente, para podermos ver o que há de bom em um modelo ou em outro. Não podemos ser ingênuos e não percebermos os elementos humanos agindo na Igreja ou, mais ingênuos ainda, querendo reduzir a Igreja a uma Igreja institucional. Seria bom que o Espírito Santo pudesse conduzir a Igreja.

Assim podemos perceber uma Igreja instituição, Igreja carismática, Igreja de pregação, Igreja de práxis libertadora, tudo dentro da Igreja católica. Precisamos de um novo Pentecostes ou precisamos aprender a viver a riqueza da Igreja na diversidade. É certo que não podemos ir nem tanto ao mar nem tanto à terra.

2. Uma Igreja instituição, essa é a minha Igreja?

Igreja instituição foi o modelo de Igreja que atravessou séculos e ainda hoje tem suas bases firmes no atual pontificado. Essa Igreja salienta alguns elementos básicos: Cúria Romana, diocese, paróquia. Apoia-se na hierarquia e tem sua visibilidade institucional em outros elementos como: vestes clericais, regras, normas, direito próprio, ritos, rubricas, tradição romana, e tudo garantido pela autoridade.

Os elementos internos também recebem forte pressão da instituição. A teologia oficial comanda e até pressiona quem dela se afasta; oferece parâmetros doutrinais bem definidos a partir da autoridade.

O mesmo caminho faz a exegese bíblica; há possibilidade de trabalhar em questões estritamente científicas.

A catequese é o instrumento básico para a instituição. Traz sempre uma exposição orgânica e sintética da fé e da moral, cujas fontes são a Escritura, a Tradição, o Magistério. Assim, salva-se a unidade doutrinal.

Os movimentos leigos reforçam a instituição à medida que se colocam a serviço com todo o seu poder e organização. Conta-se com gente delicada, eficiente, mas que aceita o formalismo da instituição.

O episcopado deve ser fiel à instituição; o múnus episcopal é muito mais defender o rebanho do que apascentá-lo. Nessa visão se encaixa o clero, centrado numa visão sacral, nova dimensão do poder, da organização, celebrações ricas e luxuosas... Daí nascem as orientações para a formação desse clero, vida religiosa e critérios vocacionais.

No mundo leigo, visa-se controlar e orientar, tentando ocupar espaços privatizados na modernidade.

Esse modelo parece muito com o que diz respeito à volta da antiga disciplina, desconhecendo as mudanças na sociedade, mudanças de mentalidade que chocam com os princípios institucionais. Mais parece a Igreja do poder do que a Igreja dos Atos dos Apóstolos, nascida e guiada pelo sopro do Espírito.

Infelizmente, vamos ver pessoas que participaram do alvorecer da Igreja no Concílio Vaticano II e agora vivem a tensão da Igreja instituição, onde a lei permanece como critério da verdade e da integridade da fé. Uma Igreja que dispensa o Espírito Santo pelos seus séculos de instituição e organização. Essa Igreja vem na contramão da modernidade, num cenário da globalização que veio para ficar.

Perguntamos: Que espaço sobra para o resultado dos novos questionamentos que faremos e que a sociedade nos fará?

3. A Igreja carismática é a minha Igreja?

O quase oposto à Igreja instituição é a Igreja carismática, que deixa a lei objetiva e dá espaço ao subjetivo, à emoção.

Na agitação da vida moderna, buscam-se experiências que preencham o vazio do viver, que tragam consolo, tranquilidade e um novo gosto de viver. Outros querem saídas rápidas para os seus problemas materiais e psíquicos. A instituição não satisfaz. As pessoas buscam uma mística, um novo clima com celebrações que seduzam, despertem o emocional. É a sedução do sagrado. Tudo passa pela experiência.

Assim o lado racional elucidativo da fé cede lugar às vivências emocionais. Não interessa a teologia, é hora de deixar-se levar pelo Espírito. O mesmo acontece com a Bíblia, que não é vista como mensagem, mas como um objeto sagrado que irradia força. Nos problemas, é só abrir a Bíblia à espera do texto como solução apontada por Deus.

A liturgia transborda-se em celebrações magníficas, emocionais. Aqui aparece bem a face carismática da Igreja, preocupada em expurgar o mundo de toda a maldade trazida por tantos demônios antigos e estilizados. Por outro lado, é o espaço da criatividade e da espontaneidade.

Num cenário espiritualista, essa Igreja concentra em si a oferta de salvação; nela vale a lei da eficiência, do marketing, pouco interessa a atividade externa na relação com o mundo. A conversão interior é suficiente, ficando na sombra toda a dimensão social.

O clima religioso criado arrasta multidões, atrai pessoas, levadas pela promessa da cura, do encontro com a paz, com respostas às suas angústias e até possível melhoria material. Investe-se alto na mídia.

O fim do milênio propicia um clima favorável a tudo isso. É hora da comunicação, das igrejas eletrônicas. É a fase da história em que se tem pouco tempo para refletir, importa agir.

Ela tem sua riqueza e através dela muita gente se reencontrou e reencontrou o caminho da comunidade, da oração. Ela quebra a frieza da Igreja instituição e tem coragem de sair ao largo, disputando os fiéis com outras denominações religiosas.

Mas nos deixa perplexos quando perguntamos: a que leva tudo isso? Que compromisso gera nas pessoas em relação à comunidade? Que Deus realmente experimentamos? Por que se apoiar em coisas tão dispensáveis de uma teologia antiga, como possessões diabólicas, pecados graves que nunca foram graves?

Não se pode negar a força paraclética do Espírito Santo que vemos na Igreja primitiva, mas fica difícil perceber o Espírito se manifestando a todos e de formas tão diferentes. É preciso discernir os sinais dos tempos.

4. Igreja da pregação, uma nova Igreja?

Outro modelo de Igreja é o que assume a evangelização num mundo pluralista. Ele deixa a preocupação com as estruturas e se volta para a palavra: um passo para a descoberta de missionariedade da Igreja.

É um modelo que centraliza tudo na dimensão missionária e evangelizadora. Nessa perspectiva, multiplicam-se os cursos de Bíblia, popularizando seu uso. Na teologia, busca-se o aprofundamento da fé com cursos para todos os níveis e com abertura ao diálogo religioso e com as culturas moderna e pós-moderna. Uma volta para a importância da razão como caminho da inteligência da fé.

Essa evangelização prioriza a esperança como resposta à cultura neoliberal excludente, uma crença na possibilidade de uma alternativa social.

A palavra fortalece a catequese, que busca novos métodos com ajuda da psicologia. Na liturgia, a palavra de Deus torna-se sua presença escatológica no mundo. As entradas da Bíblia são fenomenais. Em tudo busca-se um aprofundamento da fé, melhor formação teológica, melhor preparação de leigos. A lucidez na fé é o caminho de superação dos conflitos internos e do diálogo com todos.

Uma profunda formação teológica pode mostrar a perversidade do neoliberalismo e desvendar uma alternativa social viável para enfrentar a cultura da privatização, o individualismo radical e excludente da procura da "qualidade total". Sem formação, o cristão fica à mercê do consumo do último produto também na pluralidade de ofertas religiosas, na procura do imediato, na sociedade do espetáculo, da imagem e não da ideia.

À medida que caminhamos, parece que nos falta a solidez para colocarmos os pés. Até onde vamos com a supervalorização da palavra, longas celebrações, com a exigência de conhecer a Deus pelo estudo?

O que fazer para se conseguir uma formação adequada sem se ter recursos e capacidade para os necessários investimentos pastorais? Na formação de agentes, mal conseguimos repor as vagas.

A sociedade pós-moderna é a sociedade que se apoia na eficiência e no prazer, tudo muito rápido e prazeroso. A formação é, porém, lenta e gradual.

Perguntamos: Qual é a força de convocação das pessoas para um aprofundamento na fé, numa sociedade que promove "pão e circo" em pomposos espetáculos?

Procuramos uma Igreja de grandes maiorias ou partimos para uma Igreja de minoria consciente e efetiva?

5. Uma Igreja da práxis libertadora, o que nos pede?

Num cenário bem latino-americano de grande concentração da pobreza, desde Medellín, a Igreja fez sua opção pelos pobres e para ser pobre como caminho evangélico de libertação. Esse eixo estrutura toda a ação da Igreja, suas expressões doutrinais, e dá uma nova leitura da Bíblia e da realidade.

A introdução do pobre modifica e agiliza as estruturas da Igreja e as substitui pelas comunidades de base, que são leves e ágeis. É uma Igreja que, por estar ao lado e com os oprimidos, procura estabelecer uma prática libertadora. Ela tem de responder aos questionamentos dos que não têm voz nem vez, apontando caminho de solução.

Ao colocar a Bíblia nas mãos do povo, a Igreja procura lê-la na ótica dos pobres, ciente de que o projeto salvador de Deus acontece dentro da história concreta. Não tem receio de mostrar as causas e consequências de uma sociedade de opressão e exclusão.

Com uma teologia assentada na realidade, vista pelo método "ver, julgar e agir", a Igreja repensa todo o seu doutrinário, sua prática, e faz sempre uma nova leitura do projeto de Deus. Para uma sociedade em que o futuro prometido pela modernidade não tem futuro, a descrença no sistema mundial leva a acreditar na utopia, que é a exploração de novas possibilidades.

De um lado vemos a exclusão produzida pelo neoliberalismo e os que vivem no lixo; do outro lado, os que manipulam os fluxos econômicos, formando o coração do sistema. Isso nos leva a pensar essa dialética de opressão e libertação como tarefa principal da teologia.

Seu trabalho se viabiliza muito eficientemente através de uma rede de comunidades, na qual é possível evangelizar, conscientizar num corpo a corpo, usando com alternância esse método e os movimentos de massa como expressão do grande corpo eclesial.

Só uma teologia inculturada, que descobre em tudo as "sementes do Verbo", permite expressar a fé através dos matizes de sua própria cultura e dos elementos reveladores da força do Espírito. Assim faz uma teologia, uma leitura bíblica, uma catequese, uma liturgia numa linha de encarnação na vida do povo. Esse processo criará, sem dúvida, novas formas de expressão na evangelização, inviabilizando e fazendo desaparecer o único catecismo.

Ela faz a hora do protagonismo dos leigos e redimensiona a tarefa e a presença pastoral do padre.

Hoje, é necessário uma Igreja que dê respostas e oriente nas atuais transformações da sociedade. Uma Igreja servidora, que reconhece a dignidade da pessoa humana e transforma-se em voz e vez dos que não as têm. Anuncia e vive uma fé que liberta e produz os sinais do Reino.

6. E os erros da Igreja, como explicar?

É muito comum professores "baratos" imporem aos alunos sua descrença na Igreja, mostrando os sucessivos e graves erros registrados pela história e perpetrados por pessoas e autoridades da Igreja. Isso deixa os alunos despreparados, hostis e revoltados com a Igreja, porque eles não possuem elementos e subsídios que os ajudem numa análise e num discernimento.

A Igreja é conduzida pelo Espírito Santo. É a presença sensível de Cristo e sua continuação. Mas também é formada por pessoas que aceitam Jesus, se esforçam para anunciá-lo e para viver. Ela tem uma face humana e, portanto, é limitada pela capacidade das pessoas e pelo tempo. Cada período da Igreja tem seu contexto histórico e contemporâneo, por isso vai depender de pessoas, concepções, filosofias, acontecimentos históricos que ajudam a ler os "sinais dos tempos" e as variadas expressões de Deus.

Nem sempre podemos jogar nos ombros de todos leituras erradas e arbitrariedades de alguns; seria o mesmo que dizer que todos não prestam só porque alguns são corruptos. Essa ligação é que leva os catadores de lixo da história a se revoltarem contra a Igreja atual, como se ela não tivesse saído do lugar. Só porque aconteceram fases negras como a inquisição, a riqueza da Igreja na Idade Média, o poderio dos papas, as imoralidades de uma época, os desmandos de autoridades eclesiásticas, temos de aguentar esse lixo do passado ventilado e jogado contra a Igreja de hoje.

Cada um dá o que tem; como esses professores trazem dentro de si inquietações e dificuldades em relação à Igreja, se justificam de sua descrença e ideologias lançando para fora mazelas e erros cometidos ao longo da história. Eles esquecem que, quanto mais erros apontarem na atuação da Igreja, mais estarão mostrando que ela não é apenas uma instituição humana. Estão mostrando que a Igreja é divina, que nasce de Deus, caso contrário, nós a tínhamos destruído.

Se, com tantos casos, a Igreja ainda continua Mãe e Mestra dos povos, nem nós conseguimos destruí-la, isso mostra que o Espírito Santo a conduz através de marchas e contramarchas da história e dos limites humanos na vida da Igreja.

Temos de agradecer a esses pretensos doutores por esse serviço, que em muito nos despertam para um discernimento maior e para uma percepção mais clara do dedo de Deus conduzindo a história.

Aos vislumbrados estudantes, nosso conselho é que fechem a boca para não demonstrarem ingenuidade, fazendo do passado argumentos para os tempos atuais, justificando assim suas atitudes de irreverência contra a Igreja. Bem diz o provérbio árabe: "Enquanto a canalhada ladra, a caravana passa".

7. Com tantas Igrejas, o que pensar?

Há uma mania de falar que o mundo está cada vez mais ateu e paganizado. Quando andamos pelas ruas, vemos como surgem Igrejas por todo o lado. Há uma onda de misticismo que fascina as pessoas, fazendo-as buscar até na esquisitice suas formas religiosas, seus credos e crenças.

É uma reação ao mundo de hoje, que se esquece de Deus. Na verdade, grande parte das pessoas só procura a religião na hora do aperto. Algumas procuram com sinceridade, outras se contentam com qualquer coisa, outras ainda procuram para resolver os problemas. Mas é inegável que a procura de Deus seja muito grande nos dias de hoje. Daí o surgimento de inúmeras Igrejas, cada uma oferecendo soluções e caminhos.

Não podemos ser radicais e condenar a tudo e a todos que são diferentes de nós. Temos de dar graças a Deus que em tantas Igrejas fala-se de Jesus, da fé, da moral, da ética. Nelas se valoriza o Evangelho. Não devemos nos assustar com abusos verificados e distorções existentes em muitas. Provavelmente o povo, com o tempo, irá perceber o que realmente não é de Deus.

Oxalá todas as Igrejas conseguissem fazer a evangelização bem profunda e juntos fizéssemos acontecer a solidariedade e contivéssemos a violência. Oxalá nossos objetivos fossem sempre fazer o Reino de Deus acontecer.

Não é correta a mentalidade exclusivista, apologética, de quem acredita que o Espírito Santo se faz presente só em sua Igreja e só ela possui a verdade. Nada justifica o proselitismo e o radicalismo de alguns que não se abrem ao diálogo e nem sequer aceitam pessoas que são de outras Igrejas. O Jesus verdadeiro une e não desune. O Evangelho verdadeiro ensina a acolher e não a desunir.

É preciso ter em mente que muitas pessoas deixam essa ou aquela Igreja na procura sincera de Jesus. Temos de respeitar aqueles que não encontraram conosco ou em nós aquilo que procuravam.

É mesmo um pecado usar o nome de Jesus para estabelecer diferenças entre nós, mais que isso, tornar as pessoas agressivas com os que frequentam outras Igrejas. Na oração de Jesus, Ele pediu ao Pai que "houvesse um só rebanho e um só Pastor".

Temos de voltar ao argumento do sábio Gamaliel, usado para acalmar os judeus e deixar os cristãos em paz: "Aquilo que não é de Deus, não progride, não permanece."

8. A Igreja católica exige demais

Quantas pessoas, ao conhecerem algumas condições que a Igreja coloca para uma melhor formação ou conscientização, ficam nervosas e saem reclamando da exigência.

Está na hora de exigir muito mais. Para que esse mundo de católicos, cuja fé não significa nada, se a vida não testemunha aquilo em que acredita? Para que batizar filhos de pais que não participam da vida da comunidade e ainda trazem padrinhos que nem sabem o que estão fazendo? Para que celebrar matrimônios de pessoas que não têm condição de assumir esse sacramento ou de realizá-lo validamente?

Já passamos a fase da cristandade, das multidões gloriosas. É hora de aprofundamento da fé lúcida e viva. Precisamos de católicos que conheçam os Evangelhos. Multidão aqui não leva a nada, se a fé não é significativa. Reconhecemos a realidade de hoje e temos de partir para uma purificação da fé.

Não é mais momento de ficarmos cobrando a participação de missas aos domingos, participação nos diversos ministérios leigos nas comunidades. Chega de ficar esmolando o dízimo de quem não sabe das necessidades e projetos de sua comunidade. Participa quem entende. Devíamos exigir muito mais, aliás nem precisaria exigir, de quem está consciente e sabe o que deve fazer e como fazer. São mais de quinhentos anos de evangelização neste Brasil para conseguir produzir milhares de católicos de fachada, sem convicção e sem compromisso com a fé.

Esses que se assustam ao falarmos desse modo frequentam outras Igrejas e veem o nível de exigência delas e os milagres do dízimo. Perguntamos: Por que os católicos têm de ser tão repulsivos com as coisas da comunidade? São frequentadores de bingos, bares e clubes com alta mensalidade. Gastam muito com essas coisas; têm tempo de sobra para tudo, menos para a comunidade. Sabemos que em muitas comunidades a desgraça são os donos da igreja, que se promovem com os cargos que ocupam. Precisamos superar isso.

Não queremos exigir nem mesmo na moral, queremos que cada um se conscientize. Já perdemos muito tempo e continuamos ainda a perder com gente que usa a comunidade quando precisa. Queremos mais definição, mais formação e mais autenticidade. Jesus falou mesmo de sal e fermento, e basta pouco para influenciar a massa.

Os cristãos do início do Caminho eram poucos e impressionavam. Hoje, somos muitos e nem sequer nos identificamos como católicos, firmes na fé e ativos na comunidade. Não é hora de fechar as portas, mas de abrir para colocar para fora muito entulho.

Vida Religiosa

1. Padres e padres... Que pensar?

O sacerdote é o homem consagrado para um ministério especial na Igreja; consagrado para ser um outro Cristo. S. Paulo fala que o sacerdote é tirado do meio do povo e devolvido ao povo para oferecer sacrifício por seus pecados e pelos pecados dos outros; mostrando assim que, mesmo consagrado, ele é uma pessoa humana frágil.

Como Jesus aprendeu na obediência, o padre também faz uma caminhada na qual aprende como agir como pessoa de Cristo; ele se prepara para sua missão, se capacita, se educa e se santifica pelo exercício do ministério.

A ordenação sacerdotal não modifica o ser humano do padre. Ele continua com suas tendências hereditárias, seu temperamento, seu limite humano, e vai ter de caminhar muito, crescendo sempre interiormente para ser um homem de Deus. Ele vem de uma família e, por mais que trabalhe sua pessoa, terá as marcas que vem trazendo consigo.

À maneira dos apóstolos, o Mestre continua chamando, e aqueles que aceitam, certamente, vão trazer consigo qualidades e defeitos, alguns perfeitamente superáveis e outros sem possibilidade de mudança.

Ao passar pelo período de formação, o sacerdote é acompanhado e ajudado em sua formação intelectual, humano-religiosa. É feita uma seleção, pois há muitos que querem ser sacerdotes e não possuem as condições requeridas nem foram chamados, vieram atraídos por sentimentos religiosos, por chances de melhorar a vida, como saída viável para situações diversas. Outros não possuem condições psicológicas, equilíbrio e capacidade para viver a vida consagrada.

Precisamos entender que, apesar de todo o esforço, exigências e cuidados, alguns são ordenados sacerdotes com bem poucas condições intelectuais, pouca capacidade de coordenação e outros até desequilibrados.

Durante o período de formação, ou não mostraram o que realmente eram ou houve muita condescendência em alguns casos; outros mostraram seus desequilíbrios só depois de ordenados, quando vão assumir uma comunidade. Há também um pouco de descuido ao procurar informações, principalmente daqueles que vivem procurando dioceses que os ordene.

Por isso temos padres de todos os tipos e sentimos dificuldade em nos adaptar a alguns que fogem mesmo de qualquer paradigma de normalidade. Ao lado de tantos que são zelosos, sérios e cuidadosos, temos aqueles que, sem dúvida, deixam muito a desejar.

Não precisamos ser cordeiros e aceitar tudo; temos o direito de reclamar com quem pode resolver e encaminhar soluções. Por outro lado, temos que deixar de ser exigentes e de querer transformar o padre segundo a nossa cabeça e o nosso gosto. Vamos entender a possibilidade de cada um para ajudá-los a superarem seus limites humanos.

E, quando houver mudanças de padres em nossa comunidade, continuemos dando apoio e aceitando modelos novos de trabalho ou modos diferentes de coordenação, embora possamos continuar pensando que os bispos deveriam tomar atitudes em relação a alguns casos.

Ministérios dos leigos

1. Corais e conjuntos nas igrejas

Todo esforço que se faz na comunidade é para dar mais vida e maior participação de todos em tudo o que a comunidade vive e realiza.

Nossas celebrações litúrgicas precisam ser mais atraentes e vivas, não podemos dispensar os ritos, os símbolos, os enfeites que formam um conjunto harmonioso, através do qual prestamos adoração a Deus, e também enchemos nossos corações de entusiasmo, expressando de maneira digna a nossa fé.

Acontece que nossas celebrações dependem de vários fatores e pessoas que assumem ministérios de coordenação e de serviços. Muitas vezes não conseguem realizar o objetivo a que vieram, em vez de animar e facilitar a participação de todos, fazem show à parte, puro desfile de vaidades e autopromoção. Tudo pela falta de conscientização daqueles que servem para animar, agilizar e tornar participativa a ação litúrgica.

Como se não bastasse isso, temos ainda o problema dos corais e conjuntos nas igrejas, sendo alguns participantes verdadeiras cobras criadas, com os quais ninguém pode lidar sob pena de criar uma celeuma.

A orientação da Igreja diz que eles devem ajudar o povo a cantar, mas às vezes não conseguimos cantar, pois nem sequer ouvimos nossa voz, devido à altura dos instrumentos. Sem falar das dezenas de microfones armados para os cantores, dos quais cada um torna-se dono. Nem falemos também dos solistas que trinam melodias, que ninguém entende, numa maciez impressionante. O aplauso vem logo: você cantou divinamente. Mas em casa o comentário é outro.

A busca constante de novidade nos cantos está fazendo com que o povo tenha dificuldade de cantar, pois não há tempo de aprender uma música porque já vem outra para o próximo domingo. Hoje o povo não canta nem o canto novo nem os velhos. Todos sabemos que o povo aprende músicas profanas, porque o rádio e a TV apresentam o mês inteiro nas paradas de sucessos a mesma música; e mesmo assim, depois de alguns meses, não são mais cantadas.

Precisamos parar com esses shows particulares e cassar esses donos do canto nas igrejas, para que o povo possa também se expressar. Quem presta um serviço, que o faça dentro do espírito de fraternidade e desapego, lembrando que não é insubstituível e que outros também podem fazer esse serviço.

Coral e conjunto são para ajudar o povo a cantar e rezar. Boa vontade não é suficiente. É preciso humildade e sinceridade.

Sejamos como quem serve.

2. Piedade artificial, expressão de um vazio interior?

Hoje, a Igreja se abre cada vez mais para o serviço dos leigos em todos os setores da evangelização e de sua vida. A convocação de leigos às vezes é feliz, trazendo muitas riquezas, pois vêm pessoas com muitos dons. Outras vezes, porém, são convocações infelizes, trazem pessoas com problemas e com um vazio interior muito grande. Não basta só boa vontade.

Todos vão receber orientações e cursos para o bom exercício de seu ministério, mas alguns não pegam "embocadura", vão e fazem tudo piedosamente, mas com uma piedade formal, artificial ou com uma concepção errada, própria de quem pensa errado a respeito das coisas de Deus.

São desagradáveis essas pessoas que fazem um esforço maluco para aparecerem piedosas ou se expressarem piedosamente. Nós as chamamos de beatas, e com razão. O que não acontece com outras que, de maneira simples, sem artificialismo e sem afetação, agem com naturalidade, e deixam transparecer a convicção que possuem e o conteúdo que trazem consigo.

Temos de pôr na cabeça que serviço na comunidade não é lugar de promoção para ninguém; não é trampolim político nem caminho de beatificação de alguém em vida. É uma convocação, na qual cada um vem para colocar em comum aquilo que sabe, o que pode aprender e aquilo que traz como bagagem de fé e vida.

São necessários respeito, modéstia, boa educação, simplicidade, docilidade de quem serve. Não há lugar para autossuficiência nem é lugar para se exercer poder ou conquistar estima e louvores da comunidade.

Ninguém precisa ficar inventando esquisitices para mostrar que sabe tudo e está bem preparado.

O mesmo se dá com os rezadores nas celebrações: uma falação sem-fim, cheia de afetos que não são expressões verdadeiras de seu ser. Essas pessoas se transformam em "poleiros" do Espírito Santo, pontificam, vaticinam para a assembleia que, desavisada, só pode crer que essas pessoas sejam de fato muito santas.

Jesus já criticou os fariseus por serem assim vaidosos e por fazerem as coisas para serem vistos. Pessoas como essas são carentes, às vezes até desequilibradas; precisam de tratamento e de acompanhamento psicológico. Coitada da comunidade ou dos grupos que caem nas mãos dessas pessoas.

Nós, do povo, não podemos ser tão ingênuos. Vamos fazer como o Evangelho fala: "simples como a pomba, mas espertos como a serpente".

Piedade é a expressão de amor a Deus que nasce do fundo de nossa experiência de Deus. Ela não é pensada, é brotada como consequência de quem já vive uma intensa comunhão com Ele. Se não chegarmos a tanto, sejamos menos educados e respeitosos.

3. Pastoral, que palavra é essa?

Cada Igreja particular (diocese) pode escolher e determinar, em união com as demais Igrejas, um modo de trabalhar e de se organizar. E isso nós chamamos de pastoral ou plano de pastoral. É um plano que organiza, calcula e agiliza o trabalho e o modo de ser Igreja nessa realidade e nesse momento em determinado lugar.

Além disso, cada paróquia pode, dentro das prioridades estabelecidas, escolher os pontos de insistência e a metodologia de trabalho que pode priorizar essa ou aquela escolha.

Uma comunidade não pode crescer desorganizada, aliás, desorganizada nem cresce. E para que tudo funcione dentro de um conjunto, deve haver coordenação pastoral, uma pessoa ou grupo que conhece bem o plano e sabe aonde deve, pode e quer chegar.

Essa pessoa ou grupo escolhido deve respeitar a opinião geral, mas deve também fazer acontecer o que ficou decidido com as devidas adaptações exigidas pelo tempo e pelas circunstâncias. Antigamente, o pároco resolvia tudo; hoje, para evitar o "vaivém", criou-se o "Conselho de Pastoral" para auxiliar na execução do plano.

Acontece que nós, povo, precisamos ter flexibilidade para entender que, nesses planos de pastoral, há muitas coisas negociáveis que, mudada a coordenação, podem sofrer mudanças e modificações. Devemos saber nos adaptar. Mudou o pároco, naturalmente vem outra cabeça, outra ótica, e certamente algumas coisas vão ser modificadas, assim como pessoas.

Mas vemos o contrário com pessoas que estavam na coordenação ou nos ministérios. Não aceitam mudanças, não aceitam deixar os cargos e criam dificuldades, levando a comunidade a ter piedade deles e a se revoltar contra o pároco. Os padres deveriam exigir das pessoas que trabalham na comunidade um contrato de "voluntário" assinado, para evitar complicações legais. Até a isso chegamos. Há ministro da eucaristia que saiu resmungando depois de 18 anos de serviço comunitário, querendo reservar para ele até os doentes que atendia. Certamente não estava servindo a comunidade, mas a si mesmo.

Essas revoltas de quem diz que não participa mais de Igreja revelam o que essas pessoas procuravam.

Temos de aprender a dar o lugar para outros que, mesmo que não sejam melhores do que nós, também são ou serão capazes. Temos de ajudar o pároco na coordenação pastoral e não ficar criando problemas com esses enjoos, infantilismos e megalomanias.

Se sofreu alguma injustiça ou exclusão indevida, carregue sua cruz. Mas acho que cada um deve perceber a hora de sair e sair com elegância e cavalheirismo, como quem tem consciência de que já serviu a comunidade e mais tarde poderá e terá prazer em retornar.

Batismo

1. É válido o batismo em outras Igrejas?

Encontramos dificuldades com os que foram batizados em outras Igrejas, e a falta de conhecimento faz com que se fale em batizar de novo quem já foi batizado validamente. O Direito Canônico diz: "Aqueles que foram batizados em comunidade eclesial não católica não devem ser batizados sob condição... a não ser que haja séria razão para duvidar da validade do batismo" (Cân. 869 § 2).

I. Diversas Igrejas batizam validamente. No Brasil foi feita uma pesquisa sobre o modo de conferir o batismo nas comunidades acatólicas atuantes, e o Secretariado Nacional de Teologia concluiu que muitas Igrejas batizam validamente. São elas:

a) Igrejas orientais (Ortodoxas que não estão em comunhão plena com a Católica Romana, das quais, pelo menos seis estão no Brasil).

b) Igreja Véterocatólica

c) Igreja Episcopal do Brasil (Anglicano)

d) Igreja Evangélica de Confissão Luterana no Brasil

e) Igreja Evangélica Luterana do Brasil

f) Igreja Metodista

II. Há Igrejas que embora não justifiquem nenhuma reserva quanto ao rito batismal prescrito, contudo, devido à concepção teológica que têm do batismo, alguns pastores, segundo parece, não manifestam urgência em batizar ou em seguir exatamente o rito batismal prescrito. Também nesses casos, quando há garantias de que a pessoa foi batizada segundo o rito prescrito por essas Igrejas, não se pode rebatizar nem sob condição. São as seguintes:

a) Igreja Presbiteriana

b) Igreja Batista

c) Igreja Congregacionista

d) Igreja Adventista

e) A maioria das Igrejas Pentecostais (Assembleia de Deus, Congregação Cristã do Brasil, Igreja do Evangelho Quadrangular, Igreja Deus é Amor, Igreja Evangélica Pentecostal "O Brasil para Cristo").

III. Há Igrejas de cujo batismo se pode duvidar prudentemente e, por esta razão, requer-se, como norma geral, a administração de um novo batismo, sob condição. São essas:

a) Igreja Pentecostal Unida do Brasil

b) Igreja Brasileira

IV. Com certeza, batizam invalidamente:

a) Testemunhas de Jeová (negam a fé na Trindade).

b) Ciência Cristã (o rito que pratica tem matéria e forma certamente inválidas).

c) O mesmo se pode dizer de certos ritos que, sob o nome de batismo, são praticados por alguns grupos religiosos não cristãos, como a Umbanda.

Para provar a administração do batismo, basta a declaração de uma testemunha insuspeita ou o juramento do próprio batizado, se recebeu o batismo em idade adulta (cf. Cân. 876).

2. Padrinhos de batismo, para que servem?

O batismo é o sacramento que nos introduz no ministério de Cristo. Pelo batismo somos recebidos como filhos de Deus; nascemos de novo e iniciamos a plenitude da vida, em nós, na comunhão com o Pai, Filho e Espírito Santo.

É também a nossa entrada no povo de Deus, que é a Igreja. Aceitamos Jesus, queremos viver o que Ele ensinou e vamos ensinar aos outros o Evangelho que vamos aprendendo e vivendo.

Dada a importância desse sacramento, a Igreja pede que os pais assumam um verdadeiro compromisso de dar um exemplo cristão de vida e ensinamento, pelo menos, dos rudimentos da fé. E pede padrinhos e madrinhas ao lado do batizando para auxiliar os pais na tarefa da educação na fé. São ou devem ser pessoas que tenham uma vivência de seu batismo, sejam comprometidas com a comunidade, aptas para desempenharem sua missão ao lado do afilhado em sua formação humano-cristã, quer pelo exemplo de vida, quer pela presença cristã a seu lado.

Quando não se sabe disso, as pessoas convidam para padrinhos e madrinhas os menos recomendáveis, ou pessoas boas e idosas, doentes, como uma atenção especial ou para lhes mostrar uma amizade maior. Aí aparecem aqueles que não têm nenhuma vivência cristã, pessoas sem compromisso com sua fé e com sua comunidade. Os idosos, dentro de pouco tempo ou na época que o batizando mais precisa, já morreram ou não estão mais lúcidos e capazes de acompanhá-lo na educação da fé.

Os que não vivem sua fé, não possuem valores para transmitir, nem exemplo para dar nem moral para falar e, menos ainda, vontade de cumprir seu encargo. Para que servem esses padrinhos e essas madrinhas?

É tempo de os pais perceberem e fazerem uma melhor escolha de padrinhos, encontrando pessoas capacitadas para o exercício de sua missão, que é acompanhar, motivar e orientar o afilhado. Eles adquirem um grau de parentesco muito próximo dos pais e deverão assumir o afilhado se os pais falharem ou vierem a faltar.

Por isso mesmo devemos acabar com essa pretensa prática de condecorar parentes ou amigos, entregando a eles seus filhos. Seria bom que acabasse o costume de se ter uma lista enorme de afilhados. Cada um deve ser consciente de sua obrigação e até mesmo recusar algum convite para ser padrinho e madrinha. Não é pecado recusar nem falta de consideração, mas é a consciência do que se pode e se consegue fazer.

Não aceitar nessas condições é ser lúcido e consciente de suas possibilidades e poder de acompanhar o afilhado.

Os pais que analisem melhor e façam uma escolha mais pensada. Ser padrinho e madrinha não é recompensa para os avós e muito menos para tias que nem sequer dão conta de suas obrigações religiosas e ainda querem cuidar dos outros.

Se os padrinhos e madrinhas assumissem sua missão na ausência dos pais, não haveria tanta criança desamparada na rua.

Confissão

1. Confissão uma vez por ano, uma obrigação?

Quando fizemos o catecismo, aprendemos que éramos obrigados a nos confessar uma vez ao ano. Crescemos e estamos ainda mal informados, quando acusamos na confissão que não nos confessamos uma vez ao ano. E quanta gente não comunga só porque não se confessou.

Vamos fazer uma distinção entre obrigação e conselho. Obrigação dá uma ideia de necessidade, enquanto conselho é uma indicação de caminho, é uma orientação.

Assim, temos de distinguir a obrigação da confissão anual para os pecados graves e o conselho da confissão frequente, uma prática da Igreja recomendada e até exagerada, como as confissões tabeladas das associações religiosas ou das nove primeiras sextas-feiras do mês etc.

A prescrição da confissão "ao menos uma vez ao ano" diz respeito aos pecados graves apenas, que são os únicos que podemos chamar de pecado no sentido estrito, pois excluem o amor. Se não se cometeu nenhum pecado grave, a pessoa também não tem obrigação da confissão anual. Aliás, quem fez o pecado grave devia procurar a confissão assim que se percebesse no pecado. Isso é uma obrigação, da qual diz respeito o mandamento da Igreja da confissão anual.

Não há obrigação para os atos, atitudes e omissões chamados "pecados leves". Para eles, há uma orientação da Igreja que, como mãe, aconselha a confissão e uma maior frequência do Sacramento da Penitência como caminho de purificação, de conversão para uma vida de maior comunhão com Deus.

Sabemos que isso foi prática frequente na Igreja, que chegou ao exagero de tabelar nas congregações religiosas até duas confissões por semana ou confissão mensal para o povo.

Ninguém nega a validade do conselho, só recomendaria às pessoas devotas dessa prática que investissem um pouco na ajuda de nossos seminários durante a formação de padres. É fácil dar conselho e exigir, o difícil é ter padres à disposição para todas essas confissões mensais. Enquanto pessoas que não necessitam da confissão ocupam as filas de atendimento, outras mais necessitadas do perdão encontram dificuldade de se aproximar do padre.

Essas pessoas que precisam da confissão frequente devem aproveitar as celebrações comunitárias da penitência que acontecem várias vezes por ano nas comunidades.

E vamos nos aproximando da comunhão, apesar de nossas imperfeições e "pecados leves", até que o Senhor da Messe envie mais operários e sacerdotes que possam nos atender mais constantemente.

2. Não sei rezar o ato de contrição

Na formação religiosa mais antiga, acentuava-se muito a necessidade de expressar o arrependimento através de orações mais ou menos longas. Era o famoso ato de contrição, uma fórmula em que se tentava colocar todos os elementos de uma disposição interior de abandonar o pecado, através do arrependimento, bom propósito de se corrigir no futuro, repulsa ao pecado cometido.

Era uma batalha decorar tudo e, na maioria das vezes, nós o recitávamos sem saber bem o que dizíamos. Bem se vê que a preocupação não era a vivência, mas a lei. Podemos dizer que o esforço foi válido, ficou, porém, a preocupação em rezar essa oração, e quem a esqueceu ou não a decorou, tem hoje a dificuldade em se confessar, porque não sabe o ato de contrição.

Hoje trabalha-se a vivência e, com mais clareza, nossas catequistas ensinam as crianças rezas espontâneas, curtas. Ensinam o conteúdo das orações. Assim não há necessidade de decorar; fica mais fácil cada um fazer o seu ato de contrição, basta saber o que quer e deve expressar: reconhecimento do pecado, arrependimento e propósito de mudança. Com suas próprias palavras, cada um reza quanto quer e necessita.

O que importa é que esteja consciente de seu estado de vida, do mal do pecado para si e para os outros, e que essa consciência leve a uma mudança, uma nova etapa de vida.

Após um exame de consciência, cada pessoa já faz sua oração e, quando chega ao sacerdote, não tem a preocupação de não saber ou de se esquecer. Alguns padres ainda pedem que recitem o ato de contrição, nesse caso não custa repetir o que já espontaneamente se rezou. O bom mesmo seria a preocupação das catequistas na orientação das crianças, repetindo com elas várias orações para que aprendam desde cedo a se organizarem em suas preces.

O que chateia é ver que muitas pessoas, enquanto estão nas filas de confissão, ficam numa conversa danada e, quando chegam à confissão, nem sabem o que dizer.

Uma boa confissão, às vezes, leva meses e anos de preparação. Exige um estudo da situação, uma avaliação benfeita. Exige tempo para se dispor a uma mudança de vida; mudança bem calculada, para não voltar aos mesmos erros. Há erros fáceis de se corrigirem, mas há situações que se apresentam emaranhadas e, ainda que as pessoas queiram sair delas, não conseguem de uma hora para a outra.

Nossa catequese não pode passar às crianças apenas a técnica, mas precisa percorrer com elas o caminho. A fé é vida, não é conhecimento. Saber não muda a vida.

Comunhão

1. Comunhão sob duas espécies, um privilégio?

Com esse nome de "Comunhão sob duas espécies" entendemos a comunhão sob espécie de pão e de vinho. Na ceia Jesus distribuiu a comunhão sob duas espécies, mas simplesmente disse: "Fazei isso em memória de mim".

Até o século XII, foi costume na Igreja essa prática e, apesar de continuar costume na Igreja Oriental, a prática de dar comunhão numa das espécies em algumas regiões não era reprovada. Os anacoretas, do século IX, levavam para o deserto a comunhão em forma de pão e, por falta de sacerdotes, se davam a comunhão.

Em 1414, o Concílio de Constança condenou os hussistas que ensinavam a obrigatoriedade da comunhão sob duas espécies. A partir do Concílio de Trento, difunde-se o costume da comunhão sob forma de pão, isso motivado por questões práticas, como a dificuldade de guardar e distribuir a comunhão etc.

Não se pode apoiar em textos bíblicos para se convencer que se deve comungar sob duas espécies. O que interessa é que Jesus está presente, real, completo em cada uma das espécies e, até mesmo, em algumas comunidades nas missas.

Aqui devemos analisar a prática, tempo e também a formação do povo, a compreensão das pessoas, o que a comunhão significa para eles. Temos tantos problemas com pessoas que recebem a comunhão nas mãos e saem sem saber o que fazer com a hóstia.

Comungar sob duas espécies não é privilégio nem necessidade, uma vez que sempre estamos recebendo Jesus. Isso é o essencial. Se o indivíduo sabe ou não sabe, se é digno ou não, ele está recebendo Jesus vivo e real. Sabemos que essas questões todas devem ser esclarecidas para que ninguém comungue de modo indigno ou sem saber o que faz ou porque o faz. Há tanta gente que não devia comungar e não temos como agir diante desses casos, porque a pessoa tem o direito ao bom-nome diante da assembleia. Na maioria das vezes, não podemos retirá-la da fila da comunhão, a não ser em caso extremo. Outra dificuldade está em como julgar a consciência de cada um ou o grau de conhecimento com que faz a comunhão.

Outro problema é o de quem comunga por devoção, quando a comunhão é compromisso de solidariedade. É muito fácil estender as mãos para receber a comunhão, mas é difícil estender as mãos para os irmãos.

2. Quantas vezes por dia podemos comungar?

Comungar é receber Jesus, mas é também um ato de profunda participação. Ao levarmos nossa oferta ao Pai, recebemos como resposta o Corpo de Cristo. Eucaristia é ação de graças, é alimento.

Já passamos por muitos exageros. Paulo adverte, naquele tempo, para que comessem em suas casas, pois alguma coisa estava acontecendo nas celebrações deles. Passamos pelo exagero do jansenismo, em que não se podia comungar com qualquer sombra de pecado. Passamos pelo longo jejum de preparação e outros tantos.

Hoje, a Igreja facilitou para que se tenha uma maior participação. Não é a confissão que regula sua comunhão, mas é o seu estado pessoal, segundo sua consciência. Estando em pecado grave, a Igreja abre-nos esse tesouro para que possamos ter a vida em plenitude. Assim podemos comungar em cada missa da qual participarmos.

Trata-se de uma comunhão consciente e não de devocionismo. Alguns comungam por devoção, sem saber o que fazem. Não podemos esquecer que comunhão gera um compromisso de fraternidade e de vivência da fé em comunidade. Muitos ficam descontentes, porque estão em situação de quem não deve comungar por falta de coerência de sua vida com a fé. Vivem certa situação, que comungar traz mais problemas do que bênçãos, e, assim mesmo, querem comungar. Não percebem que estão indo contra aquilo que a comunhão significa: compromisso com a comunidade, testemunho de vida de fé.

É impressionante como o povo passa à frente a necessidade de comungar, principalmente a de fazer a primeira comunhão. Encontramos adultos que não sabem nada sobre eucaristia e querem confessar e comungar. Que valor vai ter essa comunhão para essa pessoa?

Um mínimo de catequese faz-se necessário para que alguém possa se aproximar da eucaristia. Avisamos muitas mães que se amarguram porque o filho portador de deficiência, que impede ter consciência do que vai fazer, não fez primeira comunhão ou não comunga sempre. Ele não precisa, está com Deus e a comunhão não vai acrescentar nada. Nem falemos das mães que tiram um pedacinho da hóstia que receberam e o colocam na boca de seu filho de colo. Essa história de dizer que o filho fica doente não passa mesmo de história, uma boa explicação e a criança sossega.

Há muitas pessoas comungando por hábito e depois não fazem nada para transformar sua vida e ajudar os outros. Como é que Jesus se arruma com tantas desigualdades sociais provocadas por pessoas que comungam sempre? É tempo de perceber que não se trata só de "tomar hóstia", mas de distribuir também o pão.

3. Receber comunhão nas mãos. E a higiene ?

Já foi uma dificuldade convencer as pessoas de que elas deviam receber a comunhão nas mãos e depois levá-la à boca. As observações iam da dignidade em tocar o Corpo de Cristo até as questões de higiene.

Hoje algumas pessoas ficam perplexas diante do fato de rezarem o Pai-nosso de mãos dadas, darem o abraço da paz com aperto de mãos e depois receberem nas mãos o Cristo. Perguntam: "E a higiene, como fica?"

É de se pensar, porque muitas pessoas não têm higiene e andam com as mãos em estado pouco recomendável. Falta de hábito de higiene, falta de percepção, questão cultural? Às vezes, distribuindo a comunhão, vemos mãos rabiscadas com caneta, anotações de endereço, telefones e outros. Não temos o que fazer a não ser conscientizar as pessoas.

Os judeus tinham muitos ritos de purificação através de abluções e com água diferente. Jesus, porém, comentou que só as abluções não purificam e o que mancha o homem é o que vem de dentro, porque aí repousam a maldade, os maus sentimentos.

Não podemos nos impressionar por causa desses acidentes de percurso, que não deviam acontecer. O fato de darmos as mãos e, às vezes mãos não bem limpas, certamente não vai causar dificuldade numa comunhão. Sei que há pessoas preocupadas demais com isso, pois não bebem sem lavar de novo o copo, lavam os pratos e talheres que já devem estar limpos, lavam as mãos uma centena de vezes por dia; são casos de consciência perplexa em que um psicólogo seria de grande ajuda.

Não condenamos quem tem essa hesitação nesses momentos da missa, mas comentamos que não há o que temer e com o que se preocupar, se a consciência está em paz. Se alguém não se sente bem nesses momentos, não podemos obrigá-lo a participar desses ritos; recomendamos que fique em um cantinho do local da celebração para não interromper a cerimônia e provocar interrogações.

O bom senso é o que comanda nessas situações. Precisamos, porém, ter cuidado com um velado jansenismo ou farisaísmo que podem estar embutidos nessas preocupações.

Comportamento

1. Ir à Igreja com que veste?

Muitos reclamam que não vão à comunidade porque as pessoas aproveitam para fazer um desfile de modas e ficam reparando nos outros. É uma pena essa aberração.

Hoje, a liberdade, ou algo entendido como liberdade, permite que as pessoas andem e se apresentem como querem, passando por cima de situações, as mais elementares. Assim vemos do mais lindo ao mais degradante e avacalhado, que não tem o senso do ridículo. Estamos entre os que sabem se colocar e os que descem à baixaria, achando que estão abafando.

Um ditado dizia: "Um lugar para cada coisa e cada coisa em seu lugar". A veste aparece como um sinal da pessoa humana em sua identidade e em sua distinção. Num primeiro estágio, a veste é a proteção do corpo. Num segundo tempo, a veste expressa a identidade, a sensibilidade, a educação, a cultura, seus conceitos, sua vida em sociedade, sua moral e sua ética. A realidade do moderno não dá o direito de cada um fazer o que bem entender; vivemos numa comunidade na qual seu direito termina quando começa o meu. Essa comunidade tem suas normas, seus códigos, seus costumes de gerenciar a vida. Dentro de sua casa, se vive sozinho, a norma pode ser você e faça o que sentir que deve fazer às portas fechadas.

Temos o direito de estar à vontade, mas no lugar e tempo certos. Precisamos distinguir as épocas da vida, o profano, o sagrado, o trabalho, a festa, o lazer... Pela veste, facilmente temos dados e informações sobre a pessoa, porque, conforme o modo de se apresentar, lá estão os conceitos, a filosofia, os objetivos, a crença e os ideais. Mesmo na pobreza se pode vestir com dignidade.

Temos de nos conscientizar de que não podemos usar qualquer traje em qualquer lugar e momento. Alguns não refletem e acham que vale o que eles pensam, por isso vão a todos os lugares vestidos de qualquer modo e reclamam se não podem participar. Já vi padre agir dessa maneira, mas depois de deixar o sacerdócio, na necessidade de arrumar emprego, deixou de lado a barba, o cabelo desajeitado e o inseparável chinelo de dedo. Nada como o aperto para provar filosofias.

É assim que vemos os trajes nas igrejas. Fazer turismo em igrejas e rezar parecem que são a mesma coisa, isso sem falar dos trajes provocantes. Será que não vamos nos tocar? Onde estão o bom senso, o equilíbrio? Dizer que é livre, por isso anda do modo que quiser, é uma bravata, porque na hora de ir ao Fórum, de procurar emprego, a situação é outra. Até o morto a gente veste dignamente. Igreja é Igreja, e não parque, onde se faz piquenique.

2. Fazer fofocas, que gosto ruim de alguns!

Para muitos, fazer fofocas é uma verdadeira doença, que poderá ser curada com a ajuda de um bom profissional. Eles fofocam sobre a vida de pessoas que, às vezes, nem conhecem.

Aqueles que vivem repetindo conversas bobas, ou boatos sobre os outros, fazem parte da lista de pessoas mais desagradáveis e chatas. São pessoas difíceis de suportar.

As conversas fiadas contra as pessoas são como a areia movediça. Quantas amizades foram destruídas, quantas calúnias ganharam espaço, envenenando tantos casamentos, famílias e fazendo até a pessoa perder o emprego. Mesmo as fofocas simples não deixam de ser um péssimo costume.

Há fofocas que nascem da raiva, as pessoas atacam com fofocas maldosas e maliciosas. Os problemas emocionais traem as melhores pessoas, que procuram dar vazão a seus próprios problemas e frustrações através da fofoca. Se somos capazes de amar, também somos capazes de odiar, mas precisamos saber tratar nossas emoções, reações e raivas. Há modos de descarregá-las sem ter que destruir os outros.

Há fofocas invejosas que aparecem, principalmente, quando sentimos mal-estar e descontentamento por causa da vantagem e do bem que os outros obtiveram. Estamos com inveja ou ciúme, e isso está frequentemente ligado a uma fofoca maliciosa; parece que, falando, estão se promovendo, rebaixando os outros e compensando o que falta em si mesmo. Trata-se de pessoas infelizes e, quanto mais fofocam, mais aumentam sua insatisfação. Aqui entram também as fofocas dos "bonzinhos" que querem reformar o mundo. Esses são nojentos, muito próximos às víboras, pois não resolveram seus próprios conflitos e anseios.

Porém, há fofocas que as pessoas usam para se passar por interessantes e divertidas, para chamar atenção; não percebem o papel que fazem e as intrigas que criam. Essas precisam aumentar sua autoestima em vez de apelarem. Essas fofocas preenchem lacunas nas conversas, são informações fúteis em pormenores exóticos, inteligentes.

Há fofocas verídicas, que revelam segredos, falhas desconhecidas. Tornam-se calúnias e destroem pessoas, famílias, além de violarem a confiança e o direito das pessoas a sua privacidade.

E o que falar daqueles que dizem: "Olhe, só conto para você que é meu amigo ou amiga". Não seria cristão, mas também não seria tão mal rezar para eles o salmo: "Que minha língua seque em minha boca...".

Dessas verdadeiras pragas, que são os fofoqueiros, temos de pedir a Deus que todos os dias nos livre.

3. Usar camisinha educa?

Estamos perplexos face o esforço feito até pelo governo na luta contra doenças transmissíveis pelo sexo; um palavreado que recomenda preservativos como um meio certo para evitar problemas. Uma pergunta devíamos fazer: divulgar o uso de preservativo educa?

Não entendemos mais nada. Recomendamos o uso de camisinha para evitar a transmissão da AIDS; outros dizem que camisinha não resolve, uma vez que o vírus é supermicroscópico e a camisinha é altamente porosa. Quem está com a razão?

Esse sistema de educar indica a falência a que chegamos, em que o medo faz a necessidade da prevenção e substitui os valores morais e éticos. Acredito que isso seja um meio das autoridades se tranquilizarem, porque ninguém pode dizer que não fez nada para evitar uma epidemia.

Seria de tudo impossível trabalhar com outros valores, usando a mesma quantia de dinheiro que se usa para essa malfadada campanha de prevenção contra a AIDS? Que pena tratar um assunto tão contundente de forma tão primária, prosaica e irresponsável.

Qualquer pai ou mãe, que recomenda ao filho ou filha o uso de preservativo para evitar o contágio, entra também no rol dos irresponsáveis, e apenas coloca alguma coisa que tranquilize a própria consciência e lhe dê o direito de dizer depois: Eu não falei?

Precisamos tratar a vida com mais respeito. Está na hora de mostrar aos filhos desde pequenos o valor da pessoa, o valor da vida, a dignidade do homem e da mulher.

Por que negar o valor de uma vida sadia, na qual se aprende a controlar seus instintos, a cultivar sua sexualidade, sem aceitar os chavões que só visam despertar uma verdadeira mania por sexo? Aprender hoje o respeito ao próprio corpo, a sua própria pessoa, é plantar algo perene e duradouro, que liberta de ter que chorar depois ou se arrepender amanhã.

Essa nivelação de valores, provocada pela mídia como caminho de liberdade própria da modernidade, é reduzir a pessoa a seus instintos descontrolados, é impedir um viver digno. Acho que já chegamos longe demais e hoje somos invadidos por pessoas desqualificadas que nos dão lições através da televisão.

É muito mais expressiva a educação em casa para o uso do sexo do que ligar a TV e deixar que a família se encharque com o despudor e desrespeito com que se fala da vida, do homem e da mulher.

Não podemos achar normal a depravação só porque alguns não conseguem viver e se conter dentro dos parâmetros da dignidade.

É por isso que ninguém substitui os pais na educação e formação da família. Resta saber o que fazer com pais imaturos e desarticulados, ingênuos e incrédulos.

4. Vaidade, uma praga interminável!

A Bíblia é bem taxativa quando diz: "Vaidade das vaidades, tudo é vaidade". As pessoas às vezes confundem a vaidade com o capricho em se produzir ou ter alguma coisa bonita.

Produzir-se é uma necessidade da boa apresentação de cada pessoa educada.

E quem não gosta de apresentar sua mãe bonita, elegante ou um pai bem alinhado? O esmero em se cuidar melhora até o nosso psíquico. Uma pessoa idosa tem que cuidar de seu visual. Todos temos direito ao conforto, não temos o direito ao luxo e ao supérfluo. Em nada se justificam os exageros das mansões, carros sofisticados, festas luxuosas.

Mas a vaidade parece ter raiz funda na necessidade de se mostrar, parecer melhor do que os outros, necessidade de autopromoção, necessidade de cobrir o vazio das pessoas. Já foi o tempo em que bajulávamos pessoas por causa do nome, das posses e fortunas, posições e cargos sociais. Estamos aprendendo a ver as pessoas pelo seu conteúdo e não pela sua embalagem.

A vida ensina e é a melhor escola. Vamos dar tempo ao tempo e manter os olhos abertos para assistirmos ao desmanche de famílias inteiras, que a vaidade enterrou na baixaria e na lama social.

E, até na religião, a vaidade tem seu lugarzinho bem disfarçado. Olhe a pretensão vaidosa de quem quer ganhar o céu e fica somando méritos, ramalhetes espirituais para arrogar a si o direito de ser salvo. Quantos chegam até nós e arrotam o azedo das doações que fizeram: "Eu ergui essa igreja". E quantas desfilam em nossa comunidades, nas celebrações, recolhendo elogios. O que dizer das rezas que não começam enquanto alguns não chegam?

Se Jesus voltar, certamente vai pegar de novo o chicote e agora mais uma boa vassoura e vai limpar a comunidade dessas pragas semelhantes aos fariseus, que gostavam de ser vistos rezando e de ser elogiados pelas esmolas que distribuíam em praças públicas e pelas orações grandiosas e ostensivas que faziam no Templo. Raças de víboras modernas.

Como a pessoa torna-se mesquinha a ponto de usar as coisas de Deus, serviços que fazem nas comunidades para se promoverem. Jesus diria de novo. "Cuidado com o fermento dessa gente."

5. E o supérfluo, de quem é?

Há palavras que quase nunca aparecem em nosso vocabulário diário. Por isso mesmo, não nos preocupa a palavra e às vezes também a prática. Quanta gente esbanja, gasta, desperdiça e não se preocupa, porque sobra dinheiro.

O supérfluo é tudo aquilo que vai além de nossa necessidade básica a uma vida digna. Vai muito bem um café da manhã com pouca coisa na mesa, mas sempre gostamos de acrescentar o supérfluo: manteiga, ovos, presunto, queijo, compotas, sucos, frutas etc. Estamos muito bem, mas precisamos reformar nossa casa, trocar os móveis e comprar uma quantidade de badulaques para entupir armários e prateleiras.

No fundo, o supérfluo é o abuso dos bens; enquanto uns não possuem aquilo que é básico a uma vida digna e que lhes permita crescer e ter acesso ao necessário, outros realmente nadam no consumismo, na abundância, no luxo, no exagero.

O fenômeno da exclusão nasce da ganância, do exagero. E que direito temos a tudo isso? A simples desculpa de que tudo é fruto do trabalho não convence, porque há tanta gente trabalhando e não consegue nem o salário digno. Dizer que é fruto só do trabalho é uma ingenuidade, e mais ingenuidade é querer que acreditemos nisso.

É certo que algumas pessoas têm mais capacidade de administrar, de governar, de exercer uma atividade mais rentável. São capazes de ver o conjunto dos problemas, a diversidade de pessoas e recursos, em vista de certos projetos. São dotadas de energia e capacidade de dinamizar os outros. São mais preparadas e mais capacitadas para o trabalho.

Mas é certo também que tudo isso é dom de Deus, como dom de Deus é o mundo, a vida que está em cada um. Essa é a razão fundamental para que alguém perceba que tudo é dom de Deus, por isso mesmo, tudo que a vida produz, produz para a humanidade.

Esta é a doutrina da Igreja: todos os bens possuem uma destinação social. O direito à vida nos dá o direito de usar aquilo que é necessário para mantê-la e desenvolvê-la, mas não dá o direito ao supérfluo. O mundo não é nosso, o que produzimos é de todos. Temos direito ao essencial para viver dignamente.

Aqui não vale a desculpa de que as pessoas não trabalham, não produzem. As chagas da humanidade são nossas chagas, e o resultado do consumo do supérfluo vai ser o preço da exclusão e da violência. A ganância para se ter mais produz a escravidão, a opressão e a manipulação do outro em nosso favor.

Podemos continuar pensando diferente da Igreja e até levar a sociedade em direção oposta ao evangelho, mas tenhamos a certeza de que vamos colher as desgraças que semeamos na ganância. O supérfluo não é nosso, é dos pobres.

6. Fazer cursos na comunidade — exigência demais?

Hoje, quando em tudo se busca a "qualidade total", em tudo se exige também qualificação que torne o trabalho mais eficiente e consequentemente produza mais e gere maior lucro. Na área do conhecimento religioso, estamos ficando minimistas. Se, no mundo do trabalho, há tantas exigências, por que não se pode exigir quando se trata da formação religiosa das pessoas, do aprendizado dos valores básicos, da construção da pessoa humana?

É interessante a falta de formação religiosa e de preparação para a vida de fé. Enquanto se procura e se submete a testes, cursos, seminários, sem perguntar custos, e tudo se faz para melhorar a remuneração e encontrar um emprego, a Igreja também cria seus métodos de trabalho, através dos quais faz veicular elementos básicos da fé, que ajudam as pessoas a vivê-la conscientemente.

Estão nessa linha os cursos para noivos, crisma, batismo, catecismo de perseverança, primeiras eucaristias etc. Através desses cursos, visa-se também o sentido comunitário da participação e integração na comunidade. Não se sustenta mais a ideia de que se precisa batizar, crismar etc.; é necessário realizar tudo isso conscientemente e com condições de futuro.

Sabemos que às vezes a qualidade desses cursos básicos não é das melhores e mais brilhantes, nem são teólogos os que ministram tais cursos; mas se deve levar em conta a diversidade de plateia, de conhecimento religioso e a cultura. Mesmo para pessoas que possuem cultura, esses cursos são bons, e quem deles participa nessa condição dá um excelente exemplo e testemunha sua fé e sua alegria.

Os que mais reclamam são os que mais precisam desses cursos. São os que estão por fora de tudo, pouco sabem sobre sua religião e participam muito pouco de sua comunidade. Nada pior do que a autossuficiência.

Sabemos também que alguns palestrantes são fracos e pouco preparados, e, apesar da boa vontade, nem sempre propõem um conteúdo de valor significativo. Eles estão dando o que podem, mas devem procurar o pároco para uma melhor orientação e formação. Admiramos essas pessoas, mas alertamos que boa vontade não basta.

Quando houver alguma circunstância especial, os interessados devem procurar diretamente o pároco e colocar suas dificuldades e impasses. Esses cursos são normas pastorais, não são mandamentos, tudo pode ser acertado, e as exceções apenas confirmam a regra. Devemos preparar-nos melhor para viver conscientemente nossa fé.

Esses cursos são oportunidades ricas de aprendizado e de contato com pessoas de nossa comunidade. Devemos agradecer as comunidades que nos convidam para tais cursos. Aqui vale perceber quem vive feliz sua fé. Os repulsivossempre vão criar caso.

7. Perguntas que não têm respostas — para que fazer?

Há pessoas com a inteligência bem desenvolvida e há outras com menos, gente que lê muito e gente de pouca leitura. Conforme o desenvolvimento intelectual e a cultura, está também a capacidade de dar e encontrar respostas para uma série de questões, que, às vezes, são básicas em nossa vida.

Mas há uma série de perguntas que é melhor nem fazer, dada a dificuldade de encontrar respostas que satisfaçam. Nessa lista estão as mais comuns: Por que morreram meu pai, minha mãe? Por que bati o carro ou bateram no meu carro? Por que trabalho tanto e não tenho nada? Por que as pessoas não me entendem? Como é no outro mundo?

Essas perguntas têm resposta, mas, por mais que se explique, fica sempre uma insatisfação e, quanto mais se questiona, mais aumenta a angústia. A pessoa precisa saber posicionar-se e deixar de criar a insatisfação, fazendo perguntas que não possuem respostas satisfatórias. Cada um tem de se acomodar com a realidade.

É inteligente e equilibrado quem consegue nessa hora perceber e aceitar com realismo fatos imodificáveis ou situações irreversíveis. É uma postura sadia, sem falar daquele que encara com fé esses momentos.

Nesse caminho vão todas as perguntas sobre a outra vida. De lá temos as informações da fé e nada mais, porque ninguém voltou para nos dizer algo e não temos palavras para expressar outra realidade, cuja dimensão escapa de nossos conceitos e de nossas figuras de linguagem. Veja a dificuldade que temos para explicar o que é o "nada".

O melhor é procurar esclarecimento e depois aceitar; a vida continua e precisamos vivê-la da melhor maneira possível, enfrentando os limites humanos com coragem e sem se entregar ao ceticismo, ao desânimo, à descrença. Nesse ponto, quem possui a fé, possui a chave para uma vida sadia e bem-organizada.

A melhor postura é a de quem consegue analisar os acontecimentos, consegue ver além dos fatos e, com isso, se posiciona com equilíbrio e realismo. Não vale a pena viver questionando aquilo a que ninguém consegue dar uma resposta suficiente.

O homem sempre devia chegar, através das coisas, até aquele que é o princípio e o fim de tudo. Devia aprender a se curvar diante de quem gerou a vida e com seu sopro recria o mundo a cada dia: Deus.

A autossuficiência e a ignorância não podem dispensar a fé em Deus e em sua força criativa, que nos dá a vida e a transforma no dia do amanhã.

8. Os fariseus são tão ruins como parecem?

Os fariseus eram pessoas religiosas, acreditavam ser a verdadeira comunidade de Israel. Como chefes e membros influentes das comunidades, alguns eram doutores e escribas, gente até bem-preparada. Os não contaminados pelo farisaísmo eram pessoas espirituais, boas. Viviam em comunidades fechadas, cujo ingresso era feito mediante rigorosa seleção de candidatos.

Eles se preocupavam em cumprir a lei e tentavam explicitá-la através de novas leis e tradições. Através da lei e da observância dos ritos, acreditavam que estavam angariando méritos de salvação.

A ideia de que os fariseus todos eram maus nasce da narrativa evangélica. De fato, Jesus e os primeiros cristãos tiveram conflitos com os fariseus radicais. O pecado dos fariseus foi o fechamento, a obsessão pela lei. Talvez fosse até algo invencível neles.

Alguns fariseus convidaram Jesus para estar em suas mesas, mas a radicalização na lei, sem olhar a prioridade da pessoa humana, fez com que recebessem de Jesus uma chamada forte.

Esse farisaísmo não foi só a tentação deles, é também hoje a tentação permanente na comunidade cristã. Ele continua em uma legião de pessoas incapazes de se abrirem pelo menos para perceberem que a verdade não está só nelas, mas pode ter muitas faces. Só elas sabem, só elas estão certas, elas interpretam, elas são as guardiãs da ortodoxia. Apoiam-se em textos da Igreja e apavoram todos os que buscam, de coração sincero, uma compreensão maior das verdades da fé e um modo mais atualizado de dizê-las. Todos os que falam diferente dessas pessoas são uns irresponsáveis que prejudicam a comunidade. Parece que o Espírito Santo desceu somente sobre elas.

Essas pessoas deviam ler e apreciar outras correntes de teologia, outras leituras bíblicas, e serem honestas estudando questões controvertidas. Pelo menos deveriam reconhecer que o tanto que estudaram de religião não lhes dá o direito de condenarem os outros e de se transformarem em armeiros de Deus. Nesse meio de estudos, há muitos teólogos que se debruçam sobre livros e pesquisas, durante anos a fio, para depois serem chamados de irresponsáveis. As fogueiras da Idade Média já ficaram para trás. Hoje, trata-se de analisar, perguntando: Por que uma doutrina, se é tão clara e transparente, não consegue produzir frutos da fé e da caridade? Depois de tantos anos de cristianismo, perguntamos: O que está errado em tudo o que ensinamos, para que haja no mundo tanta violência e ganância?

Fariseus e fundamentalistas não são propriedades de uma época, os jornais os trazem à tona todos os dias. Mais respeito faria bem.

Pecado

1. O que é o pecado? Pergunta complicada

Dá pena ver como alguns não conseguem se libertar da Lei e das velhas listas de pecado. Uma senhora veio se confessar e me entregou uma lista de pecados com espaço para assinalar com um "x" aqueles que ela cometera. Isso é serviço de algum padre desavisado, que não vê o valor em formar a consciência de cada um. E o que fazer com quem chega, depois de anos sem confissão, e pergunta: o que é pecado?

Nota-se a incapacidade de refletir e, muito mais, para ver a realidade saturada do pecado. São os que não conseguiram fazer a passagem de uma mentalidade minimista e legalista para uma mentalidade esclarecida de quem abandonou os esquemas viciados de exame de consciência e é capaz de perceber o fundo escuro que impede a realização e visualização do projeto de Deus no mundo.

Como é difícil mostrar uma visão nova do pecado que oprime o homem de hoje e reprime a vida; é mais fácil continuar acreditando que falar palavrão seja mesmo um pecado.

Olhando o Evangelho de João, vemos o pecado focalizado dentro da perspectiva do projeto de Deus como tudo que impede a realização e desenvolvimento do homem: egoísmo, opressão, fome, ignorância, privação da liberdade e tudo o que reprime a vida (Jo 1,4). Vemos também como pecado no mundo (Jo 1,29) a opção que frustra o projeto de Deus sobre os homens: adesão a falsos valores encarnados em sistemas sociais, religiosos e políticos. Peca quem impõe esses valores, peca quem os aceita e se solidariza com eles. Peca quem propõe como valores o dinheiro, o poder, o prazer, e peca quem a eles se submete, perdendo ou renunciando a sua liberdade e a vida.

Se analisarmos assim, vamos encontrar uma multidão de pecados que criam a injustiça, a opressão, a negação da vida, a marginalização, a exclusão. Só, e unicamente, a preguiça e a falta de vontade de se converter é que levam as pessoas a não perceberem o pecado e a se refugiarem em velhas listas de pecados, ou mesmo chegarem à perplexidade de quem não sabe mais o que é pecado.

É mais fácil e mais cômodo confessar frequentemente, acusando falsos pecados, do que enfrentar uma reflexão sadia e construtiva que leve a descobrir novas dimensões e novas presenças do pecado. Assim as confissões vão ajudar a muitos a não continuarem amontoando riquezas, bens, enquanto outros são privados dos mesmos e até do necessário para a vida. Pessoas que vivem no luxo e no supérfluo desde o café da manhã, com direitos a viagens especiais para se livrarem de estresse ou para curtirem novas aventuras, são às vezes as que entulham os confessionários procurando absolvição de caricaturas de pecado que não passam de resultado de uma má educação.

Não dá para acreditar em muitas pessoas que se confessam mensalmente. Há muita hipocrisia, farisaísmos; e são piores aqueles que gostam de parecer santos.

2. Pecado original, pecado mesmo?

Há alguns pontos na doutrina que precisavam ser ditos de uma forma nova, pois, do modo como são apresentados, se prestam a equívocos.

É o caso do pecado original.

Quando se fala a palavra pecado, supõe-se uma consequência da liberdade que consentiu uma ação que se sabia ser má. Como poderemos acusar uma criança, que não tem liberdade e possibilidade de consentimento nem conhecimento do bem e do mal?

Por aqui se vê um tal pecado original, que não pode designar a privação da graça em uma criança logo ao nascer. É um equívoco, que leva a crer, que se assemelha à situação de um adulto que perdeu a graça santificante por haver cometido pecados graves. Um inocente não pode ser declarado culpado de um ato que não cometeu.

Portanto, esse termo não pode ser entendido como pecado atual ou habitual, como acontece com os adultos. Perguntamos: Por que até hoje não encontramos um termo mais apropriado para exprimir a situação em que se encontra uma criança ao nascer?

Sabemos que até Santo Agostinho fazia uma boa distinção, usando as palavras "mácula ou mancha", para designar o pecado original, reservando outras para o pecado pessoal. E assim usava outros termos, como ferida, doença, perda da imagem de Deus, corruptibilidade.

Veja a linguagem de São João Crisóstomo: "Nós batizamos até mesmo as criancinhas, embora não tenham pecados, para que lhes sejam proporcionadas a santificação, a justiça, a filiação, a herança, a qualidade de irmãos e membros de Cristo, e para que se tornem presença do Espírito Santo" (texto citado por Baungartner). Aliás, o Concílio de Trento diz a mesma coisa: "batizam-se até as criancinhas a fim de que recebam, na qualidade de irmãos e membros de Cristo, a santificação e a filiação divina, e se tornem morada do Espírito Santo" (Ds 1513).

Portanto, podemos falar de pecado no sentido analógico. Essa expressão "pecado original" significa que nossa condição, ao nascer, não comporta a participação efetiva na vida de Deus; essa será conferida pelo renascimento filial em Jesus.

Vamos continuar usando o termo "pecado original", mas agora entendendo do que se trata, até que os teólogos nos forneçam um termo mais adequado para essa situação que nos surpreendeu quando nascemos.

Do modo como está, parece que a explicação vem de trás para a frente: para explicar a justificação por Jesus, fala-se de pecado que priva as pessoas do convívio com Deus.

3. Pecado original, uma solidariedade humana no pecado?

Existe uma série de pontos discutíveis na doutrina do "pecado original". O primeiro ponto é o entendimento do relato do Gênesis 2 e 3, que deve ser lido como texto sapiencial. Outro ponto não definido pelo Concílio de Trento é a identidade histórica de Adão e Eva. Trento também não deu uma definição formal do "pecado original" nem do que seria "justiça original", apenas afirmou a existência do "pecado original" em nós no nascimento e na sua remissão pelo batismo. A doutrina não define a existência histórica do primeiro pecador e primeiro pai da humanidade. Também não define a questão da transmissão do pecado por geração biológica, como queria Santo Agostinho.

Independentemente dessas questões, podemos esclarecer a problemática do "pecado original" através da solidariedade humana. Contraímos o "pecado original" por causa de nossa solidariedade com a humanidade pecadora. E seremos recuperados pela solidariedade com Cristo, que agrega em si todos, para a plenitude de seu Corpo Místico.

Há uma solidariedade no plano humano. A coletividade humana age sobre nós, e nós agimos sobre ela para o bem e para o mal. Também, nas relações com Deus, há a solidariedade de todos os homens: toda recusa a Deus não tem apenas o caráter pessoal, mas afeta a comunidade humana. O mundo criado por Deus tornou-se pecador por causa das recusas e oposições dos homens a Ele e à realização de seu projeto de amor.

Não fomos malfeitos, mas fomos feitos humanos, criados de matéria, e matéria tem finitude. O projeto de Deus é a vida plena de comunhão com Ele. Matéria humana não tem condição disso, ela vai ser transformada pela solidariedade com Cristo, potencializada para viver plenamente inserida na vida de Deus. Daí se entende o batismo como nascimento e início da vida de Deus, como uma cristificação da criatura humana. Só assim se entende também a morte como fim necessário daquilo que é matéria e como uma transformação para a posse de Deus.

Aqui se tem a impressão da história reversa: a partir da experiência de Israel, de sua infidelidade à Aliança Mosaica, se percebeu a ideia de uma solidariedade humana no pecado. É também mais fácil partir da solidariedade da salvação com Cristo, o único redentor de todos, e depois explicar o restante. Como a experiência da infidelidade de Israel à Aliança, iluminado pelo Espírito, o autor de Gênesis 2 e 3 projetou no passado, até as origens da humanidade, sua visão do mal que afeta a condição humana.

O Concílio de Trento estava preocupado com os erros pelagianos, afirmou a existência do "pecado original" em nós desde o nascimento e sua remissão em Cristo, e nós ficamos com um emaranhado de explicações que um teólogo copia do outro e ninguém consegue traduzir em linguagem atual e acessível.

4. A gente faz pecado toda hora... é verdade?

Há pessoas que parecem insatisfeitas se não enchem a vida de pecado. Há também o costume de falar demais; alguns dizem: "a gente faz pecado toda hora" ou "só de falar que não tem pecado, já pecou".

A realidade do pecado está aí, à vista, em suas consequências, nas pessoas e na sociedade. Ninguém hoje pode dizer tranquilamente que o esbanjamento de riqueza e conforto não é um dos grandes pecados modernos. Nessa destruição do planeta, todos sabem que é pecado o desperdício de água, a exclusão, a ganância de alguns, a escravidão do trabalho, a violência em todas as suas formas.

Por outro lado, não podemos pensar que tudo seja pecado, pois não é verdade que em tudo colocamos a maldade que gera o pecado. Jesus disse que é a maldade que perverte o coração do homem.

No Antigo Testamento, acentuava-se muito a ideia de pecado. Eles tinham na tradição oral 613 mandamentos, dos quais 248 eram positivos ("farás") e 365 eram negativos ("não farás"), e o não cumprimento da Lei em si só já era pecado. Era um verdadeiro cativeiro e ainda se acrescentavam, como querem alguns movimentos de Igreja hoje, os pecados dos pais até a quarta geração.

Mas nós estamos no Novo Testamento, no qual não é a Lei que regula a moral de nossos atos, mas é o amor com que se vive a vida. Não podemos simplesmente julgar que tudo seja pecado. Afinal, para que Jesus veio ao mundo? Paulo diz que Ele veio para nos libertar da Lei e nos introduzir no Reino da Graça.

O passo que se deve dar é o da formação da consciência para percebermos que nem tudo é pecado. Tentar perceber a maldade que existe ou não em tudo o que fazemos ou omitimos. É essa maldade que Jesus condenou nos fariseus e condena em nós, pois estamos deixando de responder ao amor de Deus por nós.

Há tantos que cuidam de doentes; outros que vivem trabalhando só em função da família; outros que têm o coração nas mãos e partilham o que podem. Vamos perguntar: quem tem essa capacidade de viver pelos outros e amá-los com a vida, que maldade tem para dizermos que está ou faz pecado toda hora?

Vivemos hoje sob a graça. Temos conhecimento dos valores do evangelho. A Igreja reza por todos e precisamos acreditar que tudo isso ajuda-nos a fazer o bem e a viver sem pecado.

Estamos misturando nossos erros, reações psicológicas, temperamentos, falta de educação para a convivência fraterna, com a maldade de quem não quer a vida no amor.

Precisamos nos limpar dessas ideias erradas para podermos sentir como Deus está conosco e como a vida é bonita. Podemos viver com muita alegria, sem a preocupação de que tudo seja pecado. Não nos esqueçamos do que diz São João: "onde existe o amor, Deus aí está".

5. Lixo em qualquer lugar... pecado moderno

Acentuou-se muito o respeito que se deve dar à pessoa humana. A sociedade criou condições de vida melhor, criou certas facilidades para a vida ser mais prazerosa. Não conseguiu, porém, colocar em nossas cabeças o respeito pela natureza, pelo mundo onde vivemos. É difícil mudar a mentalidade que diz que podemos desfrutar de tudo sem termos a responsabilidade final.

Desde pequenos, usamos e abusamos da natureza e não aprendemos a respeitá-la, a cuidá-la. Não nos assusta a mentalidade de destruição, que deixa rastros nos telefones públicos destruídos, árvores danificadas, paredes e muros pichados, lixo por toda parte.

Observe as margens dos rios em dias de enchentes, pelas águas rolam plásticos, lixos não degradáveis. É apenas uma questão cultural ou falta de consciência e amor à vida?

É aqui que vemos como há pessoas que não enxergam um palmo à frente do nariz; não percebem que a natureza agredida é natureza morta... Da destruição da natureza colhemos os frutos do desequilíbrio ecológico, os descontroles da própria natureza.

Não temos o direito a um falso desenvolvimento que causa impacto à natureza. Não há títulos que justifiquem o desmatamento sem critério, a invasão das reservas de matas para construir chalés de férias ou fim de semana. O mundo é nossa casa. Nem podemos apelar para as autoridades como responsáveis pelos desmandos de nós todos. É deprimente ver pessoas que, limpando a frente de suas casas, empurram o lixo para as galerias de águas pluviais.

Onde começa a luta pela preservação ambiental? Desde pequenos temos de aprender a colocar o lixo no lixo, a perceber e respeitar a natureza, com todos os seus recursos, como um respeito a si mesmo. Tudo começa com o papel de bala, o palito de sorvete, as embalagens de papel, as latinhas de refrigerante, a garrafa plástica que displicentemente jogamos na rua

É preciso romper essa ignorância ou esse egoísmo de quem pensa só em si. Devemos criar em nós e nos outros a sensibilidade para dizer que temos um mínimo de educação. Todos temos direito, mas também temos obrigações.

Já estamos chorando diante do depósito de lixo atômico, já choramos os desabrigados das enchentes, já choramos a falta de água e ainda temos o desprazer de viver no meio de gente suja e porca.

Está na hora de percebermos o quanto pecamos contra o mundo, ao jogarmos lixo nas ruas e destruirmos a natureza.

6. Superstição é pecado?

Nessa linha da superstição entra um bom número de práticas que vai desde o horóscopo, galhinho de arruda na orelha, até o uso indevido de água-benta. Parece que o povo não consegue viver sem complicar ou sem cair num amontoado de ritos.

Superstição é o erro de atribuir às coisas, pessoas ou práticas, o poder que elas possuem e buscar nelas a solução que só vem de Deus ou do esforço de cada um. O povo é capaz de recitar milhares de receitas desse tipo.

Não podemos condenar as pessoas que têm essas práticas, porque aprenderam desse modo e não são católicos. Certamente estão com Deus, pois são sinceras consigo mesmas. O que nos preocupa é ver um católico misturando sua fé com essas bugigangas. Quem tem um caminho bem definido da prática religiosa e dos valores da fé não poderia encher sua vida com crendices nem se apegar a correntes de oração, benzimentos sem sentido.

Não negamos que possa produzir algum efeito em quem põe nessas coisas a força de sua mente, mas deve ficar claro que foi a mente que produziu o efeito. O mesmo acontece com as tais "simpatias". Na verdade, quem cura é a fé e a força da mente.

Mesmo nós, católicos, não podemos dar valor exagerado à velas, imagem, água-benta etc. Tudo o que ultrapassa seu sentido deixa de ser correto. Carregamos medalhas, cruzes, como pedido de proteção ou como manifestação da fé, mas é ingenuidade transformar isso em amuletos ou carregá-los para dar sorte.

Há muitos amarrados nessas práticas, porque aprenderam com seus avós. Mas já é tempo de purificar sua fé, deixando de lado tudo o que parece comércio, barganha, e tudo o que é comandado pelo medo. Quando as pessoas nos falam, nós as escutamos; se percebemos que vale a pena orientá-las, nós o fazemos. Caso contrário, saibamos acolhê-las, como são e pensam. Muitas vezes é questão cultural.

Veja como até o nosso "santo sinal da cruz" é comum na superstição de muita gente que se benze diante de cruzes, igrejas e até para entrar no campo de futebol. Que falta faz aprender o sentido das coisas e ter uma consciência clara junto com uma fé bem-lúcida.

Quantas histórias relatam verdadeiros milagres feitos por patuás, cujo segredo neles contidos não diz nada. O medo faz também os milagres acontecerem e mostra o nosso primitivismo religioso.

O mais gritante é que as pessoas aceitam o que escutam sem sequer fazer um discernimento ou uma crítica. Perguntamos se nossa catequese não é uma das culpadas dessa ignorância religiosa.

Castigo

1. Deus castiga ou não?

Encontramos pessoas que têm medo de Deus; isso é resultado de uma catequese que não foi renovada em seu conteúdo e método. A nossa própria Igreja é responsável por esse resultado, pois usou esse esquema por muitos anos. Somos adultos e trazemos no coração o medo de quem deveríamos amar e sentir bem próximo.

Como é fácil segurar uma criança com esta frase: "Cuidado, que Deus castiga". Certamente uma ideia buscada no Antigo Testamento, cujo modo de falar reflete a concepção do povo, bem como a metodologia para mantê-lo unido. Para esse pessoal, pouco disse Jesus, com a grande inovação mostrando Deus como Pai querido. Apesar disso, continuamos a dizer: "Cuidado, que Deus castiga".

Esse modo de conceber Deus o traz muito dentro de nosso sistema de percepção do divino. Nós trabalhamos muito com o binômio: recompensa e castigo. Temos dificuldade em sermos bondosos e acolhedores, somos incapazes de ficar sem julgar. Estamos o tempo todo condenando.

Estudando o núcleo do Evangelho de Lucas, capítulo 15, não podemos continuar a transmitir essa ideia errada. Deus é o Pai e o Pastor que coloca a ovelha perdida nos ombros e a reconduz ao redil.

Jesus veio para os pecadores, veio procurar o que estava perdido.

É impossível imaginar Deus criando e preparando já o castigo. São Paulo fala que foi Deus quem nos amou primeiro. Na oração sacerdotal, Jesus fala que não perderá nenhuma ovelha que o Pai lhe deu. O Pai deu a Jesus, que veio para os pecadores e não para os justos. Nessas alturas, como fica a teologia mesquinha, feita de recompensa e castigo, que quer nos obrigar a amar através de ameaça?

É tempo de refazer a cabeça e a síntese teológica para que possamos viver na liberdade de filhos, pois agora não somos mais escravos. Chega de trazer pessoas pelo cabresto do medo ou manter o poder da Igreja através do medo e do castigo. A melhor resposta de quem se sente amado é amar também.

Se fosse para castigar e condenar, Deus não precisaria ter enviado seu Filho ao mundo como graça, o que a tão feliz carta aos Gálatas retrata nessas palavras: "De tal modo Deus amou o mundo que enviou seu Filho para salvar o mundo".

Deixemos essa teologia do medo, do resgate, apenas para satisfazer um bando de neuróticos que gastam o tempo calculando como e de que modo Deus castiga ou vai castigar em outra vida.

2. Se Deus não castiga, então como é que fica?

Quando se mostra para certas pessoas um Deus diferente, principalmente o Deus de Jesus no Novo Testamento, e conclu que Deus não castiga, há as que acreditam que então se pode fazer de tudo e não há com que se preocupar.

Tomamos um conceito de um Deus maravilhoso, que tudo perdoa, e distorcemos a ideia, ou, assustados, preferimos ficar com um Deus que não nos respeita e não nos garante a liberdade de consciência em nosso agir?

O fato de percebermos que o Deus de Jesus é extremamente misericordioso não nos dá a ideia de que se pode fazer de tudo. Pensam que podem aproveitar da bondade para desfrutar do pecado. De fato, com a ideia de um Deus, remédio caseiro para purificar a condição humana, não poderia haver nada mais fácil.

O pecado não é a parte integrante do constitutivo da pessoa humana. Considerando a destruição que o pecado traz em si, cada um deve evitá-lo como condição para ser feliz e fazer os outros felizes, caminhando na direção do projeto de Deus.

A ideia de pecado, disseminada por teologia de certas épocas, criou a imagem de que todo o prazer é pecado, e assim se impedia a pessoa de se realizar em tudo: negócios, casamento, festas etc... Daí que o resultado da liberdade traz esse infantilismo de que tudo agora é permitido.

Essa ideia de um Deus bondoso impede de se fazer uma reflexão mais profunda e uma introspecção real e significativa na vida da pessoas? Nunca cresceremos se nos detivermos na linha minimista do agir porque não é pecado. Quando é que vamos acreditar num Deus que nos ajuda a descobrir as dores de nossa alma e a curá-las, estimulando nossa honestidade e o desejo sincero de amar a Deus e de ser feliz?

O amor que percebemos em Deus deve estimular-nos a viver melhor e a procurar crescer na fé, sentindo a felicidade de poder ser bom e ser mais perfeito. Pecado não ofende a Deus, ofende a nós e nos destrói. Em Deus ninguém toca nem ofusca sua glória, temos que nos convencer que o pecado é um problema nosso.

Corremos sempre o risco de acomodação e de nos tornarmos preguiçosos. Uma fé saudável, lúcida, esclarecida, como foi a fé de Maria de Nazaré, nos livra desse agir infantil e nos liberta para podermos percorrer o caminho, como fruto de uma opção pessoal, até uma comunhão plena com Deus, com os outros e consigo mesmo. Temos a direito de sermos felizes.

Sagrada Escritura

1. Evangelhos, biografia real ou fictícia de Jesus?

Nada nos impede de lermos os Evangelhos, buscando mensagens, caminhos, como um sábio que retira de seu baú coisas novas e velhas. Nada também tão perigoso como uma leitura desavisada ou ao pé da letra.

Os Evangelhos não são uma biografia de Jesus ou uma história de Jesus, nem sequer se preocupam com a historicidade dos fatos. À medida que os fatos iam acontecendo, ninguém teve a preocupação de anotá-los, nem se podia esperar isso dos apóstolos e discípulos de Jesus. É preciso lembrar a dificuldade de recursos da época.

Os Evangelhos não são história nem escritos edificantes que apontem pistas de imitação; são um testemunho cristão. Eles não nasceram com pretensão histórica de registrar os fatos e ditos de Jesus; visam mostrar o que Jesus significava para os apóstolos e para a comunidade daquele tempo, naquele contexto.

Não era interessante dizer quem foi Jesus, mas sim dizer quem era Jesus naquele momento, buscando nele respostas para si, para seus problemas e desafios.

A partir da experiência da ressurreição de Jesus — experiência profunda da fé em Jesus vivo e presente no meio da comunidade — olhando como ele viveu, a comunidade começou a relembrar e a aprofundar o projeto de Jesus, expressando isso numa vivência de fé.

Tudo isso dentro de um contexto e das problemáticas que surgiam no seio das comunidades. Desse modo, vemos que os Evangelhos são leituras feitas de Jesus, sob a ótica de cada comunidade, de acordo com a experiência e com os problemas dessas comunidades. Por isso, dizemos: Evangelho segundo Marcos, Mateus, Lucas e João. As diferentes situações deram origem às diferenças entre um Evangelho e outro. Está certo que uma base eram as testemunhas oculares, aqueles que conviveram diretamente com Jesus ou estiveram bem mais próximos, isso possibilita identificar as "palavras e ditos de Jesus".

Os lugares também são históricos e pano de fundo para a formação do contexto. Também é certo que os escritores sagrados usaram coletâneas de milagres e documentos, mais antigos e já existentes, que eram resultados de narrativas orais. Mas o que interessava a eles não era o passado histórico e sim o sentido que a vida e a morte de Jesus tinham no momento para a comunidade.

São escritos básicos para nós e apresentam o modo como as primeiras comunidades viram e viveram Jesus. Não seria possível hoje fazermos uma releitura de Jesus e escrever de novo os Evangelhos que nos trouxessem a nossa experiência de Jesus Ressuscitado, uma leitura mais atual com pistas e respostas para o nosso momento? Afinal, estamos há mais de dois mil anos de distância da experiência das primeiras comunidades.

2. O livro do Gênesis, uma história ou uma lenda?

Falamos dos primeiros capítulos do livro do Gênesis, das historietas fantásticas que povoam a fantasia das crianças: árvore da vida, cobra que fala, um paraíso perdido...

Os capítulos de 1 a 11 não pertencem ao gênero histórico, no sentido de escrever a história como fazemos hoje. São escritos que remontam à pré-história. Não descrevem fatos e acontecimentos do passado. Mas nem por isso são lendas.

Com uma linguagem cheia de símbolos, os autores desses contos populares querem mostrar, de maneira bem simples, a questão do pecado como fruto da liberdade humana.

Apesar das muitas aproximações com a mitologia antiga, que traz nas narrações de Gilgamesh quadros bem semelhantes, esses capítulos não são mitologia. É um esforço da imaginação humana para representar a realidade que não pode ser sentida pela experiência dos fatos. Pode-se inspirar no mito, mas são corrigidos de um modo razoável a experiência religiosa e os aspectos essenciais da existência humana.

Esses relatos das origens não têm sua fonte histórica, que supõe testemunhas do passado; eles foram mostrados a partir da reflexão e da experiência religiosa do povo e, bem depois, dos primeiros livros da Bíblia.

Assim sendo, ninguém precisa se admirar que a narrativa da criação em sete dias não se coadune com as teorias científicas da formação do universo e muito menos deva aceitar as historietas pitorescas da maçã, da serpente tentadora, a plastificação de um estado feliz em imagens paradisíacas, nem sequer o tão questionado primeiro casal como origem da humanidade.

É necessário ver o fundo das narrativas e o fio condutor da experiência religiosa que formam o conteúdo do que se deve crer. Assim cremos que Deus é o princípio de tudo o que existe, a origem da vida humana, a comunhão querida por Deus e sua rejeição pelo pecado, a ruptura feita por decisão humana e as consequências dessa decisão.

A experiência que temos da solidariedade humana no pecado não é de agora, vem das origens da humanidade livre.

É uma pena que, ao formarmos nossos catequistas, não tenhamos até agora em linguagem atualizada, traduzida e adaptada essa experiência religiosa do povo de Israel para passarmos às crianças. Os tempos vão longe e ainda usamos imagens distantes de nossa realidade. Preferimos que as crianças acreditem em Papai Noel, paraísos perdidos e Torre de Babel.

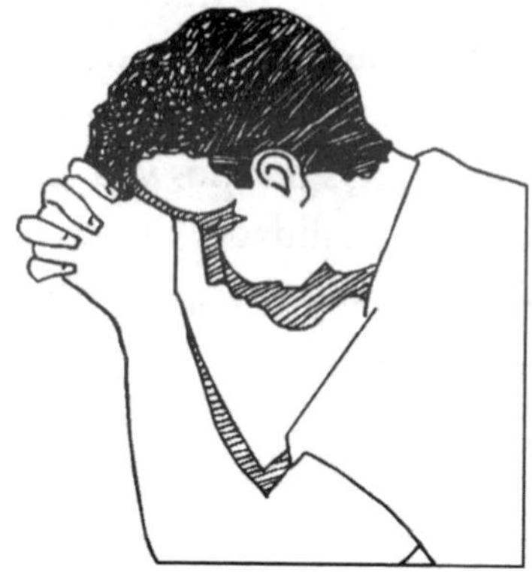

Fé

1. Uma fé lúcida é o melhor caminho

A fé é importante em tudo em nossa vida. Uma pessoa sem fé é como uma árvore seca que não tem nada a oferecer; ao passo que a pessoa de fé é como uma árvore frondosa que oferece sombra para o descanso, abrigo aos pássaros e alívio aos andantes.

A visão bem esclarecida da realidade, aceitação e interpelação da mesma como fruto plantado pela própria pessoa humana, a leitura dos acontecimentos através da ótica de Deus, podem mudar nossas atitudes e transformar o mundo. A fé esclarecida ilumina a realidade e a vida, explica os acontecimentos e aponta a direção.

As pessoas vazias e desprovidas de capacidade para pensar sempre olham tudo como coisas naturais e ainda dizem "a vida é assim mesmo". Porque não analisam, não entendem e não fazem nada para mudar a realidade. Elas formam a legião de inúteis que, às vezes, ocupam encargos e assumem responsabilidades públicas na sociedade, mas não possuem ideias para mudar. Só quem possui ideias consegue transformar a realidade. Enquanto isso, a sociedade paga o preço da ignorância, das pessoas produzidas para o consumo quotidiano. Elas não pensam e não ensinam a pensar.

Quem analisa a realidade da pobreza, da exclusão, a concentração de riqueza nas mãos de alguns, a sociedade enterrada na violência, precisa buscar dados nas ciências, na história, na psicologia, na sociologia, na religião, para encontrar respostas e saídas plausíveis. Essas pessoas podem mudar o mundo, porque procuram ser lúcidas. Não são massa de manobras políticas, povo sem memória e sem direção.

E não há outro caminho de leitura, a não ser partindo do "plano de Deus", seu projeto de vida em comunhão, bem figurado no paraíso perdido do livro do Gênesis. O mundo não precisa ser como é, não deve estar como está. Está assim por incapacidade nossa.

Ainda bem que aqueles que não aceitam Deus morrem sem deixar muitos rastos e sua memória logo é pulverizada. Os que estão "numa boa" também não vão querer nada com Deus, estão aproveitando o mundo e a vida. Sobram os que têm os pés no chão e conseguem ver o mundo diferente, sabem analisar os fatos e percebem que tudo pode ser renovado, modificado e que pode existir uma nova ordem social, política e religiosa. Por isso, vivem na esperança. A fé esclarecida e apoiada nos valores evangélicos lhes dá firmeza e segurança para não entrarem na onda dos que não querem nada, dos que não querem mudar.

Não há possibilidade de viver no mundo sem fé, pois o Reino de Deus já está acontecendo, embora ainda não em sua plenitude. Uma fé alegre e agradecida dará a todos o sentido de viver e fará a vida bem mais bonita.

2. Velas, terços e crucifixos influenciam na salvação?

Às vezes as pessoas ficam com dúvidas em coisas que parecem simples. De fato, vamos ao velório e vemos sempre velas acesas, terço nas mãos do falecido, crucifixo na cabeceira da sala. Até que ponto isso influencia na salvação da alma do morto?

Se tudo isso fosse necessário à salvação do morto, coitados daqueles que são enterrados como indigentes, sem direito a velório e guarda, para os quais só um número funciona como identificação.

São devoções que possuem um sentido bonito, embora muita gente desconheça e use os símbolos sem pensar ou entender o significado. Aliás, hoje as funerárias, que são verdadeiras indústrias de dinheiro, encarregam-se de uma lista infernal de pormenores que acabam encarecendo o enterro. Morrer já é custoso, e caro, como está, vale menos a pena ainda.

O crucifixo é a lembrança de Cristo padecente que carregou nossas dores e pecados. Ele está aí como sinal de esperança e afirmação bíblica: "Eu sou a ressurreição e a vida". É sinal de consolo e conforto para a família e um chamado para despertar a fé.

As velas são sinais da fé que temos em Jesus. Ele é a luz do mundo, quem o segue não anda nas trevas do pecado. A fé ilumina a vida e faz renascer a esperança da ressurreição. Antigamente, colocavam-se as velas nas mãos de quem estava morrendo, para dizer que ele conservou a fé que recebeu no batismo. O problema é que isso virou costume e, quem ainda faz, o faz sem saber e, às vezes, para pessoas que nem viveram a fé. A modernidade quer esconder de nós a morte, hoje nem a vemos.

O terço faz parte da devoção a Nossa Senhora. Colocando-o nas mãos do morto, estão supondo que a pessoa tenha tido devoção a Maria e tenha rezado sempre a Ela durante a vida. Essa devoção está unida à teologia marial que ensina, como nos fala Santo Afonso: "Verdadeiro devoto de Nossa Senhora, jamais se perde, jamais se condena".

Não vão salvar a alma do morto, mas indicam a fé que nos orienta nessa hora. Não morremos como animais, acreditamos na ressurreição e temos a força da fé para enfrentar a dor da separação temporária.

Está na hora de levarmos mais a sério esse momento. Há pessoas que fazem dessa hora um encontro social, cheio de formalidades, como marcar presença, assinar livro, nem se comenta os interesseiros e oportunistas que circulam e rodeiam os familiares nessa hora.

É preciso ter fé para superar essa sociedade que transforma nossa dor em momento de ganhar dinheiro. Morto em caixão de primeira, segunda ou terceira, em túmulo de mármore ou cova rasa, é o mesmo.

Aqui não há mais diferenças, daqui para frente vale a fé, em Jesus, vivida a cada dia.

3. O céu, como poderemos falar dele?

Como é difícil falar para uma criança que o céu não fica lá em cima e que aqui também é céu. Como deixar para trás anos piedosos de vida, nos quais sempre colocamos o céu em nossas cabeças como um lugar muito lindo, embora difícil de se imaginar? Por mais que se estude, quando se fala de céu, a referência será sempre a de lugar.

Céu não é lugar, mas estado de felicidade de quem se acha junto de Deus. Nesse estado de felicidade, não se sofre mais os limites próprios do tempo e do espaço; vive-se a alegria do amor que o Pai dará ou já deu. Não há limite físico, porque, deixando este corpo, não precisaremos mais de lugar. É a plenitude da vida que Deus quis e para qual nos criou. É vida em completa comunhão com Deus.

Quanta gente ainda fala do desejo de estar num cantinho do céu ou de entrar nele. De fato, temos dificuldades em imaginar esse estado de vida e, ainda mais, quando isso é visto como algo que se merece ou se ganha com muitos sacrifícios. Jesus falou que a vida eterna é Deus quem dá.

Estar em comunhão com Deus não depende de ter morrido; aqui neste mundo já se pode viver o céu, embora não consigamos usufruir a plenitude dessa vida, porque nosso ser humano agora nos impede e tolhe essa capacidade que um dia teremos já sem as limitações da matéria. É a vida na comunhão com Deus que começa no batismo.

Jesus falou das moradas na casa do Pai (Jo 14,2-4), falou por meio de parábolas para despertar a confiança da entrega de Deus.

O não saber dizer com figuras fáceis o que é o céu, não quer dizer que não exista. Ele faz parte do projeto de Deus bem figurado na imagem do Paraíso Terrestre, onde Deus caminhava toda a tardinha com Adão e Eva.

Jesus ainda usou outra expressão para designar o céu; usou a expressão "vida eterna" quando rezou ao Pai: "Ora, a vida eterna é esta: que eles Te conheçam a Ti, o Deus único e verdadeiro e aquele que enviaste Jesus Cristo" (Jo 17,3). Aqui certamente o verbo conhecer traz o conteúdo de experiência, convívio, intimidade com Deus.

O anseio dessa vida de comunhão com Deus, ninguém vai arrancar do coração da humanidade, é o sonho feliz que Santo Agostinho resumiu nesta frase: "Nosso coração está inquieto até que descanse nas mãos de Deus".

4. Limbo — O que será isso?

É interessante ver como se procuram por todos os meios as expressões para esclarecer aquilo que pertence aos desígnios de Deus. Limbo é uma dessas palavras que etimologicamente quer dizer "orla, extremidade", usada para designar "o lugar e o estado das almas que não poderiam ser condenadas ao inferno e também não poderiam entrar no céu antes da Redenção, ou estavam excluídas do céu por falta de perdão do pecado original" (Enciclopédia Cattolica Citá del Vaticano).

Os santos padres antigos ensinavam que seria um lugar onde se encontrariam os justos do Antigo Testamento. Também é chamado de "seio de Abraão" (Lc 16,22), lugar de tranquilo descanso.

A palavra Limbo aparece na teologia a partir de Pedro Lombardo (ano 1.160 a.C.); na versão da Bíblia feita pelos Setenta ficou como "Sheol"; na versão latina como "infernus".

O IV Concílio de Latrão definiu o dogma da descida de Jesus aos infernos, ou Sheol, para a libertação dos justos e dos pagãos crentes e sinceros. Não se trata do inferno dos condenados.

Há também a afirmação teológica que falava do limbo das crianças que morriam sem o batismo antes do uso da razão.

Tudo isso foi assunto de muitos estudos e escritos, e hoje mantemos a fé no encontro de Cristo com os que morreram antes da morte de Cristo e, quanto ao limbo das crianças, não se comenta mais nada. Até o catecismo da Igreja Católica diz apenas o seguinte: "Quanto às crianças mortas sem Batismo, a liturgia convida-nos a ter confiança na misericórdia divina, e a orar pela salvação delas" (n. 1.283). Parece que encerra o assunto em relação às crianças.

Esse texto dá a tranquilidade para dizer que Deus quer a salvação de todos, que Jesus morreu por todos e que é melhor nos preocuparmos com nossa vida aqui no presente, na qual temos a função de viver o Evangelho, do que ficarmos discutindo o que Deus pode ou deve fazer. Temos de concordar que somos curiosos e que podemos esclarecer nossa fé, mas há pontos em que temos de dizer que não há condições de ver mais adiante.

Há, assim, uma série de doutrinas que nossos teólogos deviam apresentar de forma nova e diferente, facilitando nossa compreensão. Todas foram formuladas dentro de um contexto histórico de compreensão diferente do nosso. É o trabalho a que se referia o Papa João XXIII. Talvez seja esse o problema que impede um crescimento na fé; afinal faz mais de 500 anos de evangelização da América Latina e estamos ainda engatinhando na fé com resultados poucos consistentes.

Família

1. Doentes e idosos na família, um problema?

Na atual sociedade, tanto o doente como o idoso são considerados um peso social. Eles não trabalham, não produzem e gastam. Para a sociedade moderna, sociedade do descartável, não há lugar para eles. Os que têm condições econômicas podem se amparar nas casas de repouso; os que não têm dinheiro estão condenados a desaparecerem rapidamente.

A sociedade se esqueceu de que eles já foram significativos, devido a seus trabalhos e atuação, e que agora têm o direito ao uso dos bens, a uma vida digna. Esse é o tempo de dar a eles o reconhecimento, pois a idade lhes conferiu dignidade que exige respeito da comunidade e da família. Ninguém vive sozinho e temos de pensar que amanhã chega a nossa vez. A humanidade tem que aprender a ter solidariedade às dores e limitações de todos.

A doença é a desestabilização das forças da vida. Uma vez que podemos dizer que "saúde é abundância de vida", sentimo-nos doentes quando essas forças de vida se desequilibram. Essa ruptura do bem-estar físico nem sempre está ligada ao psíquico. E se estiver é porque também o psíquico se desequilibrou. Disso se conclui que, em ambos os casos, não se procuram esses acontecimentos; são fatos que temos de aceitar.

O doente e o idoso não são indivíduos isolados; eles fazem parte do grupo família e, quando estão fragilizados, todo o grupo também está doente ou idoso com eles. O mal, se é que se pode dizer assim, atinge a todos e eles são o sinal. Aqui doença é um sinal do mal que corrói o grupo; é preciso restabelecer o equilíbrio e a unidade ameaçada. O fenômeno da doença e da senilidade tem dimensão social; não adianta nos isolarmos ou distanciarmos dos doentes e idosos. O desestabilizador das forças da vida em alguém não pode desarticular o grupo.

O Evangelho mostra o carinho que devemos ter com essas pessoas. Jesus disse: "Eu estava doente e me visitaste". É um caminho de integração, onde os mais novos e sadios fazem a experiência antecipada do limite da natureza humana. Essa harmonia do acolhimento sadio e carinhoso restabelece o equilíbrio e estabiliza o grupo. É a sabedoria do Evangelho, é a mística de quem e para quem vive e trabalha ao lado dos doentes e idosos, fragilizados pela idade e pela doença.

A perda da autonomia e da família aprofunda nos doentes e idosos a perda do sentido do viver. Temos de projetá-los de novo para que tenham o gosto da vida e percebam que os limites não os impedem de serem felizes ao nosso lado.

O melhor é conscientizarmo-nos que cada um é um pedaço da gente e que o amor é o único caminho que restabelece a dignidade humana. Esse amor nos levará a aprender a conviver com o diferente e assumir os limites que emergem como desafios a serem enfrentados. "O que fizerdes ao menor de seus irmãos, é a mim que o fazeis".

2. Falar de sexo na família ou não falar?

A primeira coisa que devíamos colocar na cabeça é que tudo o que faz parte da pessoa humana nasceu do pensamento e da força criativa de Deus, que "fez tudo benfeito".

A segunda coisa é que não devíamos desvincular sexo de sexualidade, da qual fazem parte o sexo e toda a vida afetiva. Não existe educação para o sexo, existe uma educação para a sexualidade, para se viver bem, administrando toda a força afetiva e generativa que existe em cada pessoa.

Que maravilha sermos formados em nossa família e orientados para termos uma vida afetiva e sexual sadia. Aprender em casa os segredos dessa vida sadia. Aprender em casa a termos controle e a orientarmos essa força espetacular que faz parte de cada um de nós, força geradora do amor e da vida.

As crianças estão à mercê da TV e dos meios de comunicação social. Se não aprenderem em casa o sentido do amor e do respeito pelo corpo, certamente vão aprender na rua de uma forma que deturpa os sentimentos e o modo correto de pensar. Na rua, ninguém tem vergonha de falar, de mostrar, de exibir. Na família, há um falso pudor que prefere encher as cabeças infantis de tabus, achando que isso preserva.

Não adianta vir reclamar que os filhos vivem curtindo pornografia na internet ou que estão dormindo juntos durante o namoro. É melhor os pais olharem para trás e se perguntarem se formaram os filhos, se os instruíram, ou se os deixaram crescer se alimentando da podridão de nossas novelas e programas de TV, dirigidos por pessoas sem qualidade moral, ou ainda deixaram que aprendessem tudo na rua. Agora pode ser tarde demais.

Também, falando a verdade, alguns pais não têm nada para dar aos filhos em termos de formação. O pouco que sabem, aprenderam catando por aí. A educação de um filho começa com a educação dos pais antes do casamento.

Outros têm receio e vergonha de tratar esses assuntos com os filhos. E os mais ignorantes acham mais simples dar aos filhos uma caixa de camisinha ou de anticoncepcional com uma recomendação idiota: "Não quero saber de gravidez".

A vida não se remenda. Desde o nascimento, o filho tem de ser iniciado no verdadeiro amor; ele cresce no calor do amor dos pais, com orientação, depois explicações mais completas, enfim, conversas detalhadas, em tudo ensinando a amar a vida, a respeitar a si e aos outros.

E por que ter medo de dizer com clareza? É tão linda a sexualidade cultivada e sadia, e não há nada tão sórdido como a lama onde vivem e se movimentam milhares de pessoas, levadas pela procura do dinheiro, do prazer e da fama.

Diga a seu filho que Deus existe e que Ele o ama.

Vocações

1. Vocações, onde nascem?

Atualmente, há tantas reclamações contra padres por causa de suas atitudes diferentes, do modo de tratar as coisas de Deus e de seus defeitos morais. Sempre o que é errado aparece mais do que o benfeito, por isso nos chama atenção o defeito do padre.

Quando temos um padre com quem nos acertamos, reclamamos muito quando é transferido para outro lugar. E temos dificuldade em nos adaptar ao que chega, certamente com a postura diferente do outro.

Não se trata de não perceber, pois não se esconde o que está patente. Trata-se de analisar e com flexibilidade nos acertarmos com um novo modelo de pastoral e com as novas atitudes pessoais do padre que está chegando. Também não podemos encobrir aquilo que não é normal em qualquer comportamento; mas então o caminho será outro e não apenas o nosso protesto.

Na formação de sacerdote, sempre há muito cuidado na seleção e formação, mas às vezes certos elementos passam na esperança de que depois os mesmos se acertem e se equilibrem ou que amadureçam. Outros só mostram os desacertos depois de algum tempo no trabalho comum.

A parte maior do problema origina-se nas famílias, nas quais nascem as vocações. Como transformar um elemento que já vem tão deformado ou tão judiado pela hereditariedade e pelos problemas que passa na família? Podemos até dizer que não devia ser aceito para o sacerdócio, mas, com tanta falta de padre, sempre fica uma esperança de que nada de ruim aconteça.

As melhores famílias oferecem tantas oportunidades e chances para os filhos, que a possibilidade de uma vocação sacerdotal nem é pensada, nem há espaço para isso. As vocações estão surgindo ainda de famílias rurais que moram na cidade, mas não perderam seu cunho rural. Não que seja uma fonte ruim de vocações, mas podíamos aproveitar mais os que já estão em situação mais privilegiada. Problemas vão surgir em todas as famílias, mas as que estão mais bem trabalhadas têm mais chances de oferecer aos filhos melhores condições.

Pelo que vemos nas famílias modernas, temos de acreditar muito no chamado de Jesus, porque nossos ambientes e vida familiar estão colaborando muito pouco para o surgimento de novas vocações.

Um pai e uma mãe que vivem uma vida sinceramente cristã e se preocupam com sua comunidade, certamente estão dando aos filhos uma motivação grande para que escolham o caminho do sacerdócio.

Melhores famílias, melhores candidatos ao sacerdócio.

Essa é uma consciência que devemos ter. Até que melhorem as condições humanas daquele que vem como chamado; nós vamos procurando nos acertar com o que temos e com aqueles que bondosamente colocam-se a serviço da Igreja e do ministério sacerdotal. Acreditemos no padre.

Amor aos inimigos

1. Amar os inimigos parece algo impossível

Há coisas que assustam os que refletem um pouco. Essa necessidade de amar, que é algo inerente ao homem, parece ser das coisas mais impossíveis, que cedem sempre aos interesses pessoais e de grupos. Dizemos velhas fórmulas, mas continuamos a amar aqueles que nos são simpáticos, cativantes, semelhantes a nós. Não conseguimos amar os irritantes, não conseguimos pensar bem dos outros e não deixamos de estar sempre julgando que os outros estão contra nós e são nossos inimigos.

As maiores religiões desse planeta falam de amor aos inimigos, mas tudo acaba ficando a nosso critério. É impressionante como o ódio cresce com rapidez no coração da humanidade, e tudo leva facilmente ao ódio, tudo se transforma numa ameaça constante.

De fato, temos inimigos, é preciso admitir, temos que localizá-los, conhecê-los para saber como tratá-los. Devemos, porém, admitir que nós também somos inimigos; há pessoas que nos temem, não confiam em nós, nos detestam. É tarefa difícil nos vermos desse lado.

O que é mais impressionante é que sempre estamos olhando para os outros, encontrando culpados, apontando os responsáveis, sem olharmos para nós e perguntarmos se, por acaso, não fomos nós que causamos o estrago ou geramos tal situação.

Há situações que desencadeiam novas situações cada vez mais violentas, frutos da mesma árvore. Sempre usamos desculpas para justificar nossas atitudes e sempre queremos estar com a razão. É chocante ver como as pessoas lutam pela vida, pelo conforto, sem olhar para os outros, preocupadas se vão perder o que tem ou se vão passar necessidades. O egoísmo fala muito alto dentro de nós.

Parece que o fundamental é a análise. Desde que a pessoa perceba a realidade que ela mesma provocou ou pode provocar, aí está a chave para a solução. Quem não analisa, não percebe, e certamente vai continuar no mesmo caminho, e vai achar que está mais do que certo agir como age.

O segundo ponto de solução está na escala de valores que usamos. Se a dignidade da pessoa não conta, mas só conta a luta pela vida, então vamos agir como animais. A saída está fechada.

O terceiro ponto está na oração que interioriza os valores, conscientiza sobre novos, abre o coração para nos desarmarmos diante de situações conflitivas, difíceis e até injustas.

Se não há mudança de mentalidade, certamente vamos destruir o mundo pela violência institucionalizada ou pela violência que geramos a cada dia. Infelizmente, as lições do mundo atual não estão sendo suficientes para nos convencer que precisamos procurar o caminho do amor aos inimigos.

Bioética

1. Inseminação artificial, um desejo que justifica?

A pessoa humana é um mistério, carrega em si tantas contradições, consequências e inconsequências. Infeliz porque fez, e infeliz porque deixou de fazer. A falta de amor para acolher a vida torna o homem sempre insatisfeito. A exigência faz a infelicidade.

Há pessoas que não querem filhos e fazem tudo para evitá-los, indo até mesmo contra princípios éticos e morais. Aqui vale o não querer, a vida é elementar e não vale nada. Há outras que não medem as consequências e fazem filhos irresponsavelmente. Há outras que querem e não podem. E aquelas que não medem limites para conseguir um filho?

Ao lado das pesquisas honestas, a ganância projeta o homem para a procura do progresso além das fronteiras do racional. Hoje, assusta-nos pensar o que pode nascer de experimentos humanos e da manipulação da genética.

Procurar ter um filho por meios especiais, visto que naturalmente não há condições, não é um desejo irresponsável e antiético. O que já preocupa é a problemática de embriões guardados em laboratórios. O que fazer com eles? Quem define o momento em que se tornam pessoas? Sabemos que há discussões sobre o momento da geração da vida humana, não vamos resolver aqui a questão, mas queremos que se tenha consciência do problema quando se opta por usar meios que suscitam muitas questões.

Respeitamos a decisão madura de um casal, mas queríamos ver os outros ângulos do problema. Um deles é o custo, que é proibitivo aos pobres. Entra aqui o interesse econômico. E resta o grande problema dos embriões que sobram.

Podemos achar mais que justo o desejo de gerar um filho, contudo não achamos que seja uma violência aconselhar esses casais a olharem para tantas crianças abandonadas que buscam um lar, no qual possam ter uma vida digna, cheia de carinho e afeto. Temos que pensar que algo não se torna bom e moralmente aceitável apenas porque se tem condições para esse querer.

Há um caminho mais curto: assumir um filho que não se gerou, mas que pede carinho, amor e espaço para viver ao nosso lado. Esse é um amor não egoísta também. Devemos pensar que ninguém é pai ou mãe apenas por ter gerado um filho. Quantos assumem filhos de um casamento anterior e acham muito normal. O que importa é a capacidade de elaborar novos laços afetivos; o que a natureza faz nascer em nove meses, o sofrimento, o amor, a dedicação podem gerar ao longo dos dias de convivência.

Os filhos devem ser frutos de nosso amor e de nossa responsabilidade e não apenas semente cultivada por nove meses.

2. Clonagem de humanos, Torre de Babel?

A história é mestra da vida; ela sempre nos traz, logo que o tempo permite, fatos, análises, causas e consequências. Percebemos o homem sempre tentando ultrapassar o limite do bom-senso. Percebemos que o vírus da destruição se propaga com maior agilidade que a semente do bem que resulta das pesquisas.

Assim vemos a performance das armas nucleares, a sofisticação das guerras modernas. Nunca devíamos nos esquecer das lições da velha Torre de Babel, história nascida da sabedoria de um povo que viu a destruição, nascida da ambição humana e do desrespeito à vida.

A pessoa humana não é peça de reposição e não é laboratório para experimentos. Ninguém pode definir as escolhas e opções da genética nem aprisionar a força criativa. Nada justifica a manipulação genética em se tratando da pessoa humana, imagem e semelhança de Deus. O homem estaria tocando no santuário mais sagrado da vida. Quem pode prever o futuro? Podemos fazer contas e cálculos, mas não sabemos que leis e que forças se desestabilizam ou se desencadeiam na genética.

Quem queremos criar na clonagem e na manipulação genética de humanos? Aonde queremos chegar? Que preço vamos pagar? Será que não repugna a ideia de um depósito de humanos como peças de reposição, sem direito de serem gerados no amor e no carinho em vez da frieza de um laboratório?

O homem sempre foi surpreendido por suas tentativas de descobertas e incursões científicas. A natureza sempre surpreende, não basta a boa intenção. É muito duro ficar a mercê de grandes laboratórios para poder cuidar hoje da saúde, podemos calcular quanto será no futuro ou quanto deverá custar uma peça humana para reposição, o que, aliás, já acontece com a venda desavergonhada de órgãos humanos.

Parece que não é suficiente a violência degradante do comércio de órgãos, no qual a pessoa lucra e ganha ceifando vidas de irmãos. Temos que crer que esses cientistas sejam monstros que fazem da pesquisa o mais alto valor ético e de desenvolvimento da humanidade. Amanhã Deus não precisará se arrepender de ter criado o homem, nós mesmos vamos lamentar resultados tão adversos, os quais comandou a ganância ou imperou o desejo da fama e do poder.

Progresso que não respeita a dignidade do ser humano é arma de destruição. Realmente não vamos conseguir assistir a tamanha degradação. Não vamos dizer “Deus está morto”, mas “o homem, imagem e semelhança de Deus se destruiu”.

1. Os mortos voltam — possibilidade ou ilusão?

Há um pavor generalizado em relação aos mortos. Certamente, é uma cultura passada de geração em geração ou, muitas vezes, criada pelas histórias fantásticas, contadas por pessoas que juram ter tido contato com os mortos. Outras vezes, isso tem raiz na crença de que a pessoa se reencarna ou possa aparecer em algum lugar, deixando seus recados.

Na carta de Paulo, lemos que está estabelecido que a pessoa humana morre uma só vez. Assim como Deus ressuscitou Jesus, também ressuscitará cada um de nós. Essa é a nossa fé, respeitamos quem não a tem. Não temos necessidade de ficar criando explicações e fantasias.

Também não há necessidade de voltar aqui. Se não fizemos o que deveria ser feito, será através de Jesus que chegaremos à reconciliação com o Pai. Nossa salvação não nos vem por merecimento nosso, mas nos vem por Jesus. Uma vida é tempo suficiente para todos os acertos que temos de fazer. Fiquemos tranquilos, se algo sobrou, Deus sabe o que fazer em sua misericórdia.

A ciência hoje, através da psicologia, psiquiatria, parapsicologia, explica os fenômenos que ultrapassam a nossa sensibilidade. Por meio de sessões especiais, podemos produzir fenômenos paranormais, para os quais não encontramos explicações fáceis. É questão de ler e estudar.

Muitos fenômenos, nós ou alguma pessoa presente produzimos com a força de nossa mente e sem maldade. Outros são frutos de desequilíbrios, doenças ou histeria. Jesus já falou que a outra vida é diferente da nossa, alguns apenas transferem os mortos para outro departamento; morreram, mas continuam agindo como quem está ainda nesta vida. Ninguém viu morto algum, eles não voltam, não aparecem. Pessoas sensíveis produzem a imagem, som etc...

Precisamos esclarecer a nós e aos outros para não cairmos em armadilhas, levados pelo sentimento de perda de um ente querido. Morrer é passar para a plenitude da vida e uma vida diferente da nossa. Uma senhora me escreveu, perguntando se no céu ela iria ver seu cachorro de estimação. Isso é falta de ler os Evangelhos, de estudar um pouco.

A vida eterna é esta, diz São João, "que te conheçam a ti, Pai Santo, e aquele a quem te revelaste". Ao morrermos não teremos mais nada que fazer aqui, pois devíamos ter feito enquanto era tempo.

ÍNDICE

BATISMO

CONFISSÃO

COMUNHÃO

COMPORTAMENTO

PECADO